# TU START-UP PERSONAL

*Guía para invertir en ti y hacer realidad tus propósitos*

JORDI COLLELL

Tu start-up personal



ISBN: 1983796840
ISBN-13: 978-1983796845

Este libro ha sido publicado con el suporte de Steven Tolliver y Hooked Books: consultoría y servicios en la edición, distribución y marketing de libros. www.hooked.es info@hooked.es

*«Si tú me cambias a mí*
*y yo cambio el mundo,*
*¿quién de los dos hace*
*que el mundo cambie?»*

MIQUEL ÁNGEL ESCOBAR

# ÍNDICE

# *Prólogo: El arte de empezar*

Cuando me preguntan por qué elegí «Tu Startup personal» como título para este libro, respondo que siempre he contemplado la vida desde una perspectiva optimista y constructiva. Y eso ha marcado toda la diferencia.

A lo largo de mi carrera, he comprobado que toda persona puede salir de cualquier aprieto si sabe adaptarse a nuevas situaciones, aunque ello implique reinventarse completamente. Por eso es tan importante saber construir desde cero, incluso a uno mismo.

Como decía Julio Cortázar: «*Nada está perdido si se tiene el valor de proclamar que todo está perdido y hay que empezar de nuevo.*»

Sí, es posible que más de una vez en la vida nos toque *reinventarnos*. No es un tópico, sino que es muy posible y a veces resulta necesario. Yo mismo he tenido que empezar de cero en más de una ocasión. Y he ganado con ello una mirada más amplia y profunda sobre mi vida.

Hay un antes y un después de adquirir una visión nueva. Esto, en el mundo espiritual, se llamaría proceso de conversión y perdón. Conversión porque, tras renacer de nuestras cenizas, podemos adquirir unos valores distintos que nos guíen en la vida. Y perdón, porque no se puede avanzar con ligereza por un nuevo camino sin haber perdonado a los que nos fallaron y, tanto o más importante, sin habernos perdonado a nosotros mismos.

Más allá de eso, *hay dos maneras de caminar en la vida: lamentando lo que dejamos atrás, o celebrando lo que nos espera por vivir*.

Yo jamás he creído que la botella esté medio vacía, como diría un pesimista. Y, de hecho, ni siquiera creo que esté medio llena. Tengo la convicción de que está llena del todo, ya que aquello que hoy nos falta es el combustible que nos impulsa a ir hacia delante.

## Un poco sobre mí

No me motiva demasiado hablar de mi vida, pero un amigo me dijo que a los lectores les gusta saber algo de la trayectoria de quien va a llevarles de la mano a lo largo de un libro.

Explicaré entonces, con unas pinceladas, cómo empezó todo esto.

Antes de mi llegada al *Personal Branding*, pasé muchos años ejerciendo cargos directivos en empresas. Hasta que un día me detuve a pensar qué debía hacer con mi vida, pues los años pasaban y me había hecho mayor.

Más allá de los éxitos, ascensos y felicitaciones, yo sentía dentro un vacío que necesitaba satisfacer. Por eso digo que la botella nunca está medio vacía, ya que ese vacío contenía todas las posibilidades que estaba por llegar.

Al recapacitar sobre mi andadura profesional, me di cuenta de que el punto en común de todas mis tareas había sido ayudar a las personas.

Así que empecé a explorar el *coaching* en serio, y para ello me certifiqué en la Universidad de Texas. Sin embargo, pronto me di cuenta de que trabajar de *coach* tampoco me llenaba. El *coaching* está enfocado a enseñar a las personas a desarrollar su potencial para obtener resultados extraordinarios, sí, pero siempre desde un punto de vista muy cauto a la hora de aportar la propia experiencia.

Como yo tenía más de treinta años de recorrido en el mundo de la empresa, necesitaba hacer algo más para ayudar. Fue entonces cuando descubrí el *Personal Branding*, que estaba más en sintonía con lo que yo quería hacer y realmente me interesaba.

Mi voluntad era devolver a las personas lo que ellas me habían dado a lo largo de mi carrera profesional y personal.

En esa búsqueda, fundé junto a un socio del mundo de la publicidad una empresa que se llama *Soymimarca,* y que se ha convertido en todo un referente en el sector.

Ese nuevo enfoque me permitió canalizar mi inclinación a trabajar por los demás. Siempre he creído que las personas podemos transformar el mundo, tanto a nivel colectivo como individual. *Todo ser humano lleva en su seno un enorme poder transformador*. Y ese poder es el que nos ayuda a crear nuestra Start-up personal.

En mi juventud, hacía junto con otros compañeros un ejercicio que se llamaba *Revisión de vida* y que constaba de tres pasos:

1. **VER**. Mediante un análisis de la realidad.
2. **JUZGAR**. Tener elementos de conocimiento para saber qué se puede hacer con la realidad analizada.
3. **ACTUAR**. Si entiendes lo que puedes mejorar, llegarás a una estrategia para actuar de modo que mejores tu vida y la de los demás.

Estos mismos postulados están presentes en el Personal Branding.

## Personal Branding

Esta etiqueta tiene su origen en EEUU, donde Tom Peters publicó un artículo en la revista *Fast Company* el 30 de agosto del 2009, donde hablaba por primera vez de lo que era la *marca personal*. En él defendía una interesante posibilidad: puedes pasarte la vida trabajando en una empresa, pero *abordar cada trabajo con la creencia de que eres el director general*.

Justamente, el *Personal Branding* nos lleva a descubrir nuestro poder para transformar la propia vida y lograr lo que queremos con la ayuda de los demás. Sin las personas, que al mismo tiempo nos permiten conocernos, la identidad no tiene sentido alguno.

Todo ser humano tiene un proyecto y una identidad en función de los demás, y lo que el *Personal Branding* quiere lograr es que las personas sean *conocidas, reconocidas, memorables* y *escogidas*.

Pero, para que eso suceda, antes de nada debemos tener una *propuesta de valor*, que responde a las preguntas:

- **¿Qué puedo hacer para ayudar a los demás a ser mejores?**
- **¿Qué cosas pueden cambiar o incorporar en su vida para que su existencia sea más agradable?**

La respuesta a estas preguntas es nuestra *propuesta de valor*.

## Ser conocido y reconocido

Aunque ahondaremos en los cuatro objetivos mencionados a lo largo del libro, quiero cerrar este prólogo con una breve introducción a estos conceptos.

Una propuesta de valor se puede dividir en uno o varios productos, y representa a la persona que lo transmite.

Una vez la persona ha identificado su propuesta de valor, y es capaz de vincular su proyecto a cosas que le aporten sentido, a ella y a los demás, tiene que buscar a quién puede interesarle.

En marketing se llamaría *público objetivo* o *audiencia,* y sirve para establecer un diálogo entre quien ofrece algo de valor y quien lo necesita. Y, para mantener este necesario diálogo, hay que tener un mensaje eficaz que sirva para comunicarse.

Con objeto de ser conocido en un mundo con tantísimos egos compitiendo en la red, el principio básico es identificar tu propia historia. En marketing se habla de elemento *diferenciador*, es decir, aquello que te hace único y diferente a los demás.

Si hablamos de productos tecnológicos, un buen ejemplo sería Apple. Tiene un ejército de fieles seguidores por la diferencia que aporta respecto a sus competidores, empezando por la filosofía de su fundador.

Eso es aplicable no solo a las empresas, sino también a cualquier persona. *Encuentra aquello en lo que eres único y diferente y comunícaselo al mundo.*

## Un mensaje memorable

Da igual si eres escritor, político o empresario. Para ser reconocido, debes identificar y poner en valor la historia que contiene tus valores. Ese es un aspecto que trabajaremos en este libro. Cuando transmitimos a los demás lo que somos, logramos tomar contacto con el público y podemos ejercer nuestra labor.

La red y la vida son instrumentos en los que hay relaciones de ida y vuelta, y si no mantienes un diálogo más o menos permanente, no lograrás ser reconocido.

Que el mensaje sea memorable depende de la calidad del producto y del propio mensaje. Un producto puede ser de mucha calidad pero, si no llega realmente al corazón de la audiencia, nunca más se acordarán de él y pasará sin pena ni gloria. Un libro, el servicio que das como directivo o tu proyecto de investigación, cualquiera que sea tu propuesta de valor, debe ser comunicada de una forma emocional para que quede grabada en los clientes.

No olvides que recordamos mejor lo que nos llega a través de las emociones que aquello que únicamente recibimos a través de una información.

**Ser escogido**

La comunicación emocional aporta sentido a la audiencia, es decir, es aquello que nos hace sentir partícipes de una historia, transformadores, capaces de crecer y de ser más felices. La audiencia debe sentirse identificada con el mensaje e incorporarlo a su vida para mejorarla.

Cuando entramos en el mundo de la emociones de los demás, estamos ayudando a que crezcan. En este manual hablaremos, y mucho, de técnicas de comunicación emocional. Pero el mensaje debe de estar respaldado por el verdadero valor de lo que ofrecemos.

En el mundo del *Personal Branding*, lo que marca la diferencia entre unos y otros es el compromiso. Que lo que propongamos sea creíble, útil y transformador para los demás.

Deseo que este libro te aporte las herramientas para realizar el mejor negocio de tu vida: crear tu start-up personal, invirtiendo en ti y mejorando al mismo tiempo la vida de los demás.

¡Bienvenido!

JORDI COLLELL

# 1. Valores que dejan huella

Muchas personas no son conscientes de todo lo que pueden ofrecer al mundo porque no se han detenido a pensar, antes de nada, cuáles son sus valores. Ese es el ADN que hace de nosotros lo que somos, y la huella que dejamos en los demás tiene que ver justamente con los valores que transmitimos.

Una pregunta que se utiliza a menudo en el coaching es: «*¿Cómo te gustaría ser recordado?*»

Y es que, de nuestro paso por el mundo, se recordará lo que hayamos hecho para los demás de manera concreta y tangible: las palabras de consuelo, haber sabido estar al lado de alguien cuando lo necesitaba, apoyar las ideas ajenas, incluso nuestros besos y caricias forman parte del rastro que vamos dejando por el mundo.

Ser conocido, reconocido, memorable y elegido es uno de los objetivos de este libro, pero empezaremos por lo contrario. Porque hay maneras infalibles de no dejar un rastro en el mundo:

1. **Permanecer en nuestra zona de confort.** Hacer siempre lo mismo, y de la misma manera, es una apuesta segura para quedarse estancado. No arriesgar, resignarnos a una vida gris y no aventurarnos más allá de nuestras fronteras nos lleva al anonimato.

¿A quién no le gusta sentirse cómodo? Tener un entorno agradable, disponer de lo que necesitamos, sentirnos amados y necesarios, tener amigos para compartir, ser competentes en un trabajo o una profesión y, por qué no, tener la certeza de que el autobús de la vida pasa cada día por la misma parada. Seguridad y comodidad van cogidas de la mano en cualquier entorno en el que nos movamos, y permiten ver el mundo con paz y sosiego.

Sin embargo, la comodidad suele traer el acomodo.

Acomodarse es dar por buena una determinada situación por el simple hecho de ser conocida, y es adaptarse a un entorno desactivando la voluntad de salirse del mismo. Es, en definitiva, poner una ventana a la esperanza, al cambio y a la evolución.

Cuando nos acomodamos, nos instalamos en nuestra zona de confort. Es decir, en ese estado en el que la disposición a hacer algo nuevo es como mínimo escasa. Y poco importa que lo que esté pasando sea bueno o malo, porque lo importante es que sea familiar y conocido.

2. **Alejarnos de los de nuestros sueños y proyectos.** Todos hemos trazado alguna vez horizontes ambiciosos, quizás desde nuestra infancia. Cuando renunciamos a ellos, nos deshumanizamos y nos convertimos en seres vegetativos, tristes y sin chispa.
3. **Renunciar a nuestros valores.** Cuando dejamos atrás las creencias fundamentales que han regido nuestra vida, y que nos permiten vivir en coherencia con nuestros principios, nos convertimos en una marca muerta. Porque los valores son los indicadores básicos de nuestra marca, y las bases para fundar nuestra start-up personal.

Sobre este último punto, vale la pena que nos hagamos varias preguntas: ¿Cuántas veces nos hemos encontrado con jefes, compañeros y otra gente próxima que ha hecho gala públicamente de apoyar a las personas, de acompañarlas y hacerlas crecer, cuando en la práctica las han explotado, retenido y ninguneado? ¿Cuántas veces nos hemos quedado boquiabiertos intentando comprender por qué personas que se autocalificaban, y nosotros considerábamos como buena gente, han actuado de manera contraria a lo que se suponía que eran sus principios? ¿Y cuántas veces lo hemos hecho nosotros?

## Los valores no se improvisan

Cuando dejamos aparcados nuestros valores, creamos desconcierto, incertidumbre y desconfianza en los demás. Además de mala consciencia y un sentimiento de culpa en nosotros mismos.

Todos tenemos nuestros propios valores, que hemos ido forjando a lo largo de nuestra vida y que impregnan nuestra identidad. Definen nuestra manera de ser como individuos, pero evolucionan a lo largo de la vida y cobran mayor o menor protagonismo según las etapas por las que estemos pasando.

***EJERCICIO: ¿Cuáles son mis valores?***

1. Para tomar consciencia de cuáles son tus valores, escribe una lista lo más larga posible de valores universales como amor, agradecimiento, libertad, igualdad, fraternidad, honestidad, humildad, trabajo, responsabilidad, solidaridad, tolerancia… entre muchos otros que existen.
2. De todos ellos, elige los 5 valores con los que te sientes más identificado. Ellos son los pilares de tu marca personal.
3. A continuación, plantéate de qué manera transmites esos valores y cómo podrías sacarles más partido con tu start-up personal.

Sin embargo, los valores no se improvisan. Son parte de nuestra marca personal, y empieza a formarse desde el momento en que nacemos. Venimos al mundo con un nombre que nos identifica, con una manera de ser y una identidad que se va fraguando a medida que crecemos.

Esta identidad es el reflejo de nuestros valores, y si somos capaces de comunicarlos, los demás sabrán quiénes somos y lo que pueden esperar de nosotros.

En marca personal siempre hablamos de **la necesidad de ser auténticos, coherentes, y de reflejar con nuestros actos aquello que predicamos.**

La percepción de nuestros valores llega al corazón de las personas, crea expectativas y genera confianza. Nace en la mente y anida en el corazón.

Pero esos mismos valores se convierten en un arma arrojadiza, cuando se demuestra que lo que se predica y la vida real van por distintos derroteros. Y pueden transformar una marca personal potente en una caricatura.

Hacer florecer una marca, ganarse la aceptación de los demás, es una tarea que lleva su tiempo, pero destrozarla puede algo instantáneo si defraudamos el corazón de las personas.

Mantener prestigio es una tarea constante, para corredores de fondo que saben lo que buscan.

~~~~~~~~~~~~~~~~~~~~~~~~~~~~~~~~~~~~~~~~~

## CASO 1:

## Triunfar y quedar olvidado

El Señor X era un ejecutivo de una importante fábrica de ordenadores, en su sede en la península, que en un momento dado buscó un sistema para ahorrar costes en la empresa que lideraba.

Tras estudiarlo profundamente, se dio cuenta de que la mejor forma de hacerlo era buscar la alianza con sus proveedores, facilitándoles un lugar para desarrollar sus procesos en la propia fábrica y ayudando a diseñar un modelo de organización de la producción que fuese fiel a las necesidades que tenían ellos.

Todo eso presuponía que los proveedores utilizaban sus recursos, sus instalaciones y sus procesos productivos, y así ahorraban. Entonces el Señor X repartía ese ahorro al cincuenta por ciento entre la fábrica y el proveedor, que era el que realmente había logrado ese ahorro. Y, con ello, consiguió tener unos proveedores muy fieles, y que la fábrica
~~~~~~~~~~~~~~~~~~~~~~~~~~~~~~~~~~~~~~~~~

adquiriera una rentabilidad notablemente más alta.

Esta revolución catapultó al Señor X a la fama de la organización industrial a mediados de los años noventa. Y, a partir de ahí, tras haber creado aquella start-up personal, tuvo su momento de marca personal durante algunos años. Se hizo famoso difundiendo su método y creando una empresa consultora, en la que consiguió que su gente trabajara con empresas que no tenían nada que ver con la suya propia. La propuesta de valor que estaba defendiendo era clara: dar la posibilidad de ahorrar costes utilizando los procesos productivos de la propia empresa.

Pero en un momento dado, el Señor X recibió una oferta importante de un competidor. Por aquel entonces estaba en la sede americana de su empresa, en un puesto muy importante, cuando recibió aquella oferta tan tentadora de otra compañía de gran nivel. No se lo pensó dos veces, y se mudó desde Estados Unidos, donde residía en aquel momento, de nuevo a Europa. Pero lo hizo de una forma poco clara, y sus antiguos empleadores le acusaron de haberse llevado conocimiento, tecnología y documentos para utilizarlos con el competidor.

Todo aquello provocó un litigio, haciendo que el Señor X fuera despedido también de la nueva empresa, ya que ésta no quería tener pérdidas multimillonarias en los tribunales. Y, a partir de ese momento, la marca del Señor X empezó a eclipsarse.

En la actualidad, prácticamente nadie recuerda al Señor X. Después de aquello intentó crear de nuevo en España una empresa de ordenadores, diseñados por hombres y pensando en lo que le gustaría regalarles a sus mujeres. Pero, obviamente, no tuvo éxito. Nunca pasó del proyecto.

Algún tiempo después, salió en los periódicos que el Señor X había tenido un accidente practicando deportes de aventura. Se recuperó, pero debido al periodo de recuperación cayó completamente en el olvido.

Su fue no hacer las cosas bien. La marca personal puede tener un momento álgido, pero si no se cuida bien puede caer en picado. Si hubiese hecho una transición entre empresas, bien planificada y sin dejar ningún hueco por cubrir, seguramente ahora seguiría siendo recordado. Hubiese continuado su carrera en la nueva empresa, tan brillante como la que había tenido en la anterior.

Pero, al hacer las cosas rápido y mal, perdió su rumbo y eclipsó su propia marca, porque ya no era tan de fiar. Arruinó su start-up personal. Y, de esa forma, una de las grandes mentes de las fábricas de ordenadores se perdió, por una mala gestión de sus habilidades y de su imagen como profesional.

~~~~~~~~~~~~~~~~~~~~~~~~~~~~~~~~~~~~

## Auténticos o impostores

La autenticidad es la marca de los valores que dejan huella y tiene una duración, así como la impostura es un tren de breve recorrido.

Impostora es aquella persona que finge ser alguien diferente. Desde el Pequeño Nicolás a Alicia Esteve, que simuló ser víctima de los atentados del 11 S, o Enric Marco,
~~~~~~~~~~~~~~~~~~~~~~~~~~~~~~~~~~~~

que fingió ser superviviente de los campos de concentración nazis a través de Amical Mauthausen, muchos impostores han sido descubiertos.

En su novela *El Impostor*, Javier Cercas relaciona esta identidad con la incapacidad o la falta de voluntad para decir 'no' a situaciones diversas. El querer ir a favor de la corriente, de lo que se lleva o de lo que es políticamente correcto, es el germen de esta situación.

El primer acto de impostura se genera cuando uno mismo renuncia a vivir su propia vida por miedo a los costes y renuncias, y pasa a seguir una existencia gobernada por las circunstancias.

**La rebeldía es el antídoto contra la impostura.**

Los impostores buscan el reconocimiento de los demás atribuyéndose hechos, situaciones y experiencias que no han vivido. No reconocen en su vida los valores para ser conocidos, reconocidos y memorables, y cruzan el umbral de la realidad para entrar en el mundo de la ficción.

Pero no hay que ser un personaje rocambolesco como los mencionados anteriormente para ser un impostor. Hay maneras mucho más cotidianas, y lamentablemente comunes, de convertirse en uno:

- Atreverse a opinar como un experto sin serlo.
- Ejercer una actividad intentando hacer creer que se dispone de una experiencia profesional previa, que en realidad es inexistente.
- Apropiarse de los logros de los demás en provecho propio.
- Inflar el currículo para causar una mejor impresión en un proceso de contratación.
- Atribuirse hechos y andanzas para seducir a otra persona.

Estas estrategias pueden procurar réditos a corto plazo, pero el impostor es descubierto antes o después y queda desacreditado.

Además, el impostor es un artefacto, y los artefactos no dejan marca. No dejan huella, y al descubrir su realidad son olvidados con la misma facilidad con que se les ha ensalzado.

**Una marca personal efímera**

Tener un instante de marca personal no es muy complicado. Basta con aprovechar la oportunidad. Mantenerlo es más difícil, si detrás no hay otros elementos que avalen el contenido de la marca y le den continuidad a lo largo del tiempo. También hay momentos que condicionan toda una carrera y que eclipsan la marca personal del protagonista.

María Schneider fue uno de estos casos de marca personal efímera. Se hizo famosa en 1972 cuando sólo tenía 19 años, al protagonizar junta a Marlon Brandon la película *El Último Tango en París* que dirigió Bernardo Bertolucci. La fama le llegó gracias a un cuerpo espléndido y unas escenas que fueron rompedoras para su época, por lo menos dentro del cine comercial. Marcó los sueños eróticos de una generación, pero al final nadie, excepto los expertos en cine, recordaban nada más de ella. Y la verdad es que intervino en una docena de películas y en muchas series televisivas. El momento de fama la eclipsó para siempre, hasta su muerte en 2011.

Otro ejemplo reciente de fugacidad es el de Olvido Hormigos, ex concejal socialista de Los Yébenes (Toledo) que saltó a la fama a través de un vídeo erótico y privado aparentemente divulgado en las redes sociales sin su consentimiento. Se convirtió en icono mediático de los programas del corazón, alimentó con sexo, fotos y escándalo a la muchedumbre, el mismo combustible que encendió la llama de su popularidad. Hasta que ahora está prácticamente desaparecida, y ya no se ha vuelto a mencionar.

Hay personajes que aparecen aupados por un prescriptor o por las circunstancias, se mantienen durante un cierto tiempo en el estrellato, sobre todo mediático, para desaparecer prácticamente sin dejar rastro. Su marca personal se la lleva el viento, y el olvido es el denominador común de su vida.

El caso del Padre Apeles es un ejemplo de subida trepidante y olvido súbito. Fue uno de los personajes más mediáticos en la España de finales del siglo XX, y llegó a la fama a través de un programa de Javier Sardá que se llamaba Moros y Cristianos. Apeles Santaolaria, así se llamaba el famoso cura, la liaba parda cada vez que intervenía, y se convirtió en un invitado casi imprescindible en aquellos programas que querían garantizar la polémica. Sus declaraciones generaban debates y polémicas interminables. Hasta consiguió ser desautorizado por la Conferencia Episcopal. Pero poco a poco se difuminó su fama y hoy, excepto los mayores, ¿quién le recuerda?

En el mundo empresarial también encontramos ejemplos de fulgor y eclipse de marca personal.

Identificar nuestros momentos nos hace tomar consciencia de lo que tenemos y de quiénes somos, y eso es un auténtico chute de autoestima. Yo soy singular, tengo muchas cosas que tú y el resto no tenéis; tengo mis instantes de marca, y en ellos baso mi start-up personal.

Los hechos y los momentos no están aislados. Uno tras otro, configuran lo que somos y crean la imagen que los demás tienen de nosotros. Son como gotas de agua que, convertidas en vapor, vuelven a caer una detrás de otra sobre un vidrio transparente. Poner cada recuerdo en orden y buscar la conexión de cada momento con el siguiente, hace que nuestra vida sea un relato coherente, explicable y, por supuesto, irrepetible.

Y eso es lo que nos diferencia, la manera en que somos capaces de contar lo que somos, lo que hacemos y lo que queremos ser y hacer. Diferenciarse en este mercado que promueve la homogeneidad, diversificado y por ello cruel, es explicar con claridad y rotundidad que, porque somos únicos. Lo que hacemos también lo es aunque a simple vista pueda parecer similar a lo que hace otro. Porque no hay dos profesionales iguales, y porque con mi historia a cuestas yo estoy dando un servicio que nadie es capaz de dar.

Y esto y mucho más es lo que hacemos cuando creamos nuestra start-up personal.

### Otros enemigos de la marca personal

Además de la impostura, que es un arma explosiva de corto alcance, hay siete pecados capitales de la marca personal que conviene evitar, si queremos tener prestigio y ganarnos la estima y valoración de los demás:

1. **Soberbia.** Cuando transmites el mensaje de que eres superior a los demás, siendo incapaz de reconocer el talento ajeno, obtienes a cambio la ignorancia y el descrédito por parte de tu audiencia. Esta es una vía segura para convertirte en spam.
2. **Invisibilidad.** En el extremo opuesto, ocultar tu talento y tus valores ante el mundo equivale a aniquilarte. Tal como decimos los expertos en marca personal: si no te ven, no existes. O bien, ojos que no ven, marca que se muere.

3. **Avaricia.** Dar poco y pedir mucho, no tener reciprocidad, no devolver favores o recomendaciones, o ser incapaz de hacer retwiteos son algunas manifestaciones básicas de los que no tienen la generosidad que potencia el efecto win-win (ganar-ganar), del que hablaba Stephen Covey. Al avaricioso se le coge enseguida, y acaba por ser ignorado.
4. **Envidia.** Cuando la misión implícita o explícita de la marca es hundir a los demás, cuando se es incapaz de apreciar sinceramente el talento y los valores de los demás, al final se pierde la credibilidad.
5. **Reactividad.** Hay personas que actúan y otras que se limitan a reaccionar. No tomar la iniciativa, y actuar a remolque de los acontecimientos, tiene como riesgo que sean las circunstancias las que impongan el camino a seguir. Y entonces la marca se debilita.
6. **Falta de creatividad.** No tener propuestas propias de valor, o basarse siempre en opiniones y propuestas ajenas, nos aleja de ser conocidos, reconocidos y memorables. La marca que no crea y que solo difunde contenidos ajenos se convierte en un rumor.

7. **Apatía.** La falta de pasión es un veneno para la propia marca. Huir del compromiso, no promover el cambio, o no buscar y proclamar el sentido de las cosas que hacemos, nos sume en la invisibilidad.

> *«Si caminas solo irás más rápido,*
> *pero si caminas acompañado*
> *llegarás más lejos.»*
>
> PROVERBIO CHINO

# 2. *Alianzas profesionales*

Una vez identificamos nuestra esencia, es importante aliarnos con personas que compartan nuestros mismos valores. Teniendo en cuenta que la inmensa mayoría de actividades humanas necesitan de la colaboración con otras personas, nuestro éxito dependerá de la calidad de los compañeros a los que nos unamos.

Unir fuerzas y esfuerzos con otras personas para alcanzar un objetivo común, nos permite conseguir metas que, yendo en solitario, podrían resultar más difíciles y costosas. Pero también conlleva sus riesgos.

**Una mala elección de los compañeros de viaje nos**

**puede conducir hacia una vía muerta.**

Las alianzas son colaboraciones poderosas entre individuos motivados por el éxito, que nos catapultan a nosotros y a nuestras empresas hacia el crecimiento en la vida, la carrera profesional y los negocios. En cada alianza estratégica, el todo tiene que ser mayor que la suma de las partes.

Con las alianzas estratégicas construimos relaciones que nos permiten a nosotros, y a nuestros socios, plantearnos nuevos retos de alto potencial, un mayor número de clientes y un número mayor y más variado de productos o servicios ofrecidos.

Lo único que se necesita es tener los ojos y los oídos bien abiertos, tomar la perspectiva de conjunto suficiente para identificar las oportunidades y tener un conocimiento profundo de nuestras palancas profesionales.

Que el todo sea mayor que la suma de las partes significa que los individuos, cuando estamos agrupados, somos capaces de sacar mayor partido de nuestras capacidades, habilidades y talentos que estando solos.

Una alianza es un acuerdo entre dos o más personas

que tienen un objetivo común, con la finalidad de aumentar el valor de cada participante. Pero, para que realmente funcione, las aportaciones individuales tienen que ser equivalentes. Porque en el fondo se trata de un intercambio de valor, y con unos valores de marca compatibles para que sea percibida por las respectivas audiencias como una suma.

Nuestra vida personal y profesional es un camino que está compuesto de muchas etapas, y en cada una de ellas podemos escoger ir solos o en compañía en función de los objetivos que queramos conseguir. Una alianza, para que funcione, debe ser capaz de potenciar las propuestas de valor individuales.

En mi camino profesional he vivido alianzas que **han funcionado**, otras que han resultado **un auténtico desastre** y algunas que, pudiendo haber sido exitosas, se **han muerto por agotamiento**.

De todas estas situaciones, he aprendido que para que una alianza funcione debe cumplir por lo menos las siguientes características:

1. **Que sea necesaria**. Muchas veces buscamos compañía para hacer aquello que podríamos hacer solos pero no nos atrevemos, ya sea por falta de autoconfianza, por miedo o por no haber valorado suficientemente nuestras propias competencias y talentos. Las preguntas clave son: **¿por qué necesito ir acompañado?** y **¿en qué se refuerza mi propuesta de valor con esta alianza?** El autoconocimiento es una herramienta fundamental en esta fase inicial.

2. **Escoger adecuadamente a los compañeros de viaje**. No se trata solo del valor adicional que nos aporten, sino de tener información de las personas con las que vamos a hacer ruta. Las elecciones a priori o los flechazos pueden tener malas consecuencias. Las preguntas que nos podemos hacer en este caso son: **¿tienen mis posibles socios un historial de alianzas positivo?** y **¿ha habido en el pasado situaciones de fracaso que deba tener en cuenta para tomar la decisión?** Informarse es imprescindible porque aliarse con alguien que arrastra una ristra de malas experiencias debería hacernos reflexionar un poco.

3. **Se trata de ganar-ganar**. Todas las partes tienen que ganar, y para ello tienen que hacer aportaciones equivalentes. Cuando se produce un desequilibrio y una de las partes aporta menos o quiere recibir más, la alianza peligra. Como norma general, los aprovechados no tienen cabida. Preguntémonos: **¿qué gano?** y **¿qué aporto?** No demos nada por supuesto.

4. **Con reglas claras**. Hay que dejar muy claro **cómo vamos a funcionar**, y también cómo y en qué supuestos debemos acabar el recorrido juntos. **Una alianza nace con ilusión y se disuelve con dolor**. Cuando las cosas no funcionan es más complicado tener la mente clara, por lo que es importante **prever la manera en que se pueda poner fin** a la alianza sin que se generen litigios innecesarios. Anticiparse a los acontecimientos no es ser agorero, es ser previsor.

5. **Valores de marca personal compartidos**. Aunque el objetivo sea común, el fin no justifica los medios. Y la unión de personas con métodos basados en valores dispares puede debilitar nuestra marca. Dado que **uno se acaba pareciendo a aquellos de los que se acompaña,** está claro que, si nos aliamos con personas sin

escrúpulos, podemos ser percibidos de igual manera. Por ello, es necesario que nosotros tengamos claros nuestros valores y los pongamos en común con los futuros socios.

6. **Divertida**: Mi experiencia me demuestra que, cuando nos lo pasamos bien, las cosas funcionan mejor. Pero cuando afloran los malos rollos y las recriminaciones vale la pena entrar en cuarentena y aplicar cirugía.

### Las alianzas están hechas para crecer

El título de este apartado es a todas luces una verdad de Perogrullo. Pero debemos tener muy claro que si una alianza no tiene como finalidad construir algo mayor y mejor de lo que seríamos capaces de construir con los medios de los que ya disponemos, se convierte en algo inútil y que a la larga acabará ocasionando problemas.

Las alianzas vienen definidas por la conjunción de propuestas de valor similares, que debidamente combinadas solucionan a nuestro público objetivo problemas más grandes y más complejos que los que seríamos capaces de solucionar individualmente. Se trata de aumentar, potenciar y mejorar las propuestas de valor individuales.

Si esas propuestas de valor que intervienen en una alianza no son similares el resultado final estará descompensado, y acabará creando roces, tensiones y posiblemente la ruptura.

### Si va a empantanarnos, es mejor no seguir adelante

Cuando el trabajo con otras personas se presenta complicado de entrada, o requiere un enorme sobreesfuerzo para integrar capacidades o maneras de hacer, es mejor pensárselo dos veces. Y si la situación se perfila de entrada como sencilla vale la pena dejar bien claras las maneras de proceder, para que nadie se lleve a engaño y sepamos como actuar cuando se puedan presentar los problemas.

En los trabajos de colaboración entre personas, las situaciones críticas suelen venir por no tener claros los aspectos operativos clave. Principalmente:

1. **El día a día:** Debe quedar muy claro quien está habilitado para tomar las decisiones del día a día y en que circunstancias. Cuando se manejan fondos, el procedimiento debe ser todavía más riguroso.

2. **Transparencia:** Quien toma las decisiones debe tener claro cómo, cuándo y de qué manera lo puede explicar al resto de aliados o socios. Establecer un sistema de comunicación y de reporting claro y simple ahorra muchos problemas y discusiones.

3. **Unidad:** Hay decisiones estratégicas que deben ser tomadas siempre de común acuerdo. Por ejemplo incurrir en inversiones costosas o cambiar algunos aspectos del modelo de negocio, en especial los referentes a la propuesta de valor, público objetivo, productos y prescriptores.

4. **Temporalidad:** Todo tiene un final que debe estar claro desde el principio. Anticiparse y dejar por escrito las posibles causas de disolución de una alianza y el procedimiento operativo a seguir, ayuda a vivir el presente con tranquilidad. Lo contrario genera problemas y puede ocasionar litigios costosos en dinero y bienestar personal. Si uno de los participantes en una alianza se niega a establecer un procedimiento de ruptura, es mejor aparcar la alianza y buscar un nuevo socio. Quien no quiere prever el futuro, es posible que

actúe de mala fe y quiera aprovecharse de las circunstancias.

**Las marcas personales potentes crean alianzas potentes**

Toda alianza empieza con uno mismo. Como en cualquier negocio, debemos de tener una propuesta de valor que aportar cuando pensamos trabajar con otras personas. La gestión de nuestra marca personal y la formulación de nuestro modelo de negocio nos ponen en condiciones de buscar socios. Antes de pedir, debemos ser conscientes de lo que somos capaces de ofrecer.

Aunque el riesgo está presente de manera inevitable en todos los aspectos de nuestra vida, cuando tejemos una buena alianza lo estamos minimizando porque al ser mayor el todo que las partes, de pequeñas inversiones podemos obtener grandes resultados. **Cuando el coste es bajo, el riesgo también es bajo.**

Si lo que invertimos es pequeño el riesgo que se genera también lo es, y el crecimiento futuro vendrá dado por la reinversión de los resultados, todos o parte, que se vayan produciendo durante el proceso.

Por otro lado, hemos visto que la gestión tanto del día a día como de las decisiones estratégicas, debe quedar clara desde el momento cero. Lo mismo con las formas de salida de los socios y de disolución. Pero las reglas y los principios no pueden ni deben encorsetar la alianza, porque los tiempos cambian, los mercados evolucionan y se generan nuevas necesidades que deben ser satisfechas. Las propuestas de valor no so estáticas, sino el producto de preguntar a nuestro público objetivo lo que podemos hacer para solucionarle los problemas o satisfacer las necesidades que se van presentando.

**Una alianza debe ser flexible, pero no frágil.** Si no es capaz de adaptarse para dar respuesta a las necesidades cambiantes, sus clientes se van y su público objetivo se desvanece. Y acaba muriendo de inanición.

## Misión, visión y valores compartidos

Aunque una alianza profesional no tiene por qué compartir por completo el papel que quieren tener cada uno de sus miembros en el mundo, es preciso tener un cuaderno de ruta que por lo menos sea homogéneo. Cuando diversas marcas personales deciden emprender juntas un camino, se sobreentiende que las individualidades deben prevalecer, o el conjunto perderá frescura, calidad y autenticidad. Pero maneras opuestas de interpretar la realidad y, sobre todo, de actuar, pueden acabar convirtiendo la aventura en el camino hacia ninguna parte.

Si no se comparten los mismos principios y los mismos valores, se acaba entrando en grandes contradicciones que ponen en peligro la continuidad de la aventura.

Una buena alianza, por otro lado, debe permitir que sus miembros compartan el lado divertido de la vida y de la realidad cuotidiana. El buen humor no está reñido en ningún caso con la profesionalidad. Saber sacar punta de las situaciones y ver su lado cómico, permite tener una visión más relajada y abierta que cuando nos focalizamos en el lado negativo y trágico.

**Si no somos capaces de reír, mejor dejarlo correr.** Si las relaciones internas no permiten disfrutar colectivamente de lo que se está haciendo, vale la pena pensárselo dos veces.

| CHECK LIST | SI | NO |
|---|---|---|
| ¿Mi propuesta de valor aporta suficiente a la alianza para que el todo sea mayor que la suma de las partes? | | |
| ¿Y la propuesta de valor de mis aliados? | | |
| ¿Ganamos todos? | | |
| ¿Somos capaces de dibujar una organización sencilla? | | |
| ¿ Estamos todos de acuerdo en prever los criterios de actuación frente a circunstancias especiales? | | |
| ¿Tenemos todos un nivel similar de gestión de nuestra marca personal? | | |
| ¿Son nuestros costes los más bajos posibles? ¿Podemos reducirlos? | | |
| ¿Podemos compartir los mismos valores? | | |
| ¿Seremos capaces de divertirnos trabajando juntos? | | |

## Tu propuesta al mundo

Así como para la mayoría de cosas que queremos realizar necesitamos la colaboración de los demás, también para lo que queremos ofrecer al mundo necesitamos, lógicamente, al *mundo*.

Nuestra marca personal está en función de los demás. Si estuviéramos solos, daría igual dejar huella o no dejarla. Es por esto que siempre insisto en que debemos tener muy claro cuál es nuestra **propuesta de valor**. Lo que somos o dejamos de ser, nuestros antecedentes o los estudios realizados, no sirven para nada si lo que ofrecemos y ponemos al servicio de las personas no está **alineado con sus necesidades**

Lo que quieren los demás de nosotros es una oferta, la nuestra, que sirva para solucionarle problemas y situaciones, o cubrir huecos que no pueden atender. Nosotros en sí importamos poco, y esto lo hemos de tener muy claro.

Si nuestra propuesta de valor no es útil a los demás, si no estamos muy seguros de que lo que contamos importa a nuestro público, corremos el riesgo de convertirnos en la voz que clama en el desierto.

Nuestra propuesta de valor se alimenta de nuestros principios fundamentales, de nuestra visión y nuestra misión, como veremos a continuación.

## Visión y misión

A menudo me encuentro con personas que, a pesar de tener una buena situación profesional y de estar bien valorados por su entorno o por su empresa, tienen la sensación de que lo que están haciendo no acaba de ir con ellos. Sienten que los éxitos se suceden de manera mecánica y sin control aparente por su parte y, lo que es más chocante, sin aliento para celebrarlos. Al contrario, en algunos casos hasta se consideran impostores y temen que algún día se descubra su falta de valor.

Pero no se trata solo de una falta de foco. Porque, **a pesar de saber adónde vamos, hemos de tener el valor para ir por el camino adecuado**. Es aquí dónde cobra importancia tener bien clara cuál es nuestra misión.

~~~~~~~~~~~~~~~~~~~~~~~~~~~~~~~~~~~~~~~~

## CASO 2:

## Coger distancia

Aunque a veces no lo parezca, nadie va hacia atrás; siempre hay un progreso hacia delante. Lo que pasa es que, a veces, estamos tan obcecados en las circunstancias negativas que hemos vivido que no somos capaces de encontrar lo positivo de ese recorrido. Cuando nos encontramos en esa situación, podemos tirar la toalla y plantarnos, o podemos acudir a un profesional de la salud, de la empresa o del apoyo personal para que nos ayude a salir del bache.

Siempre hay alguien que puede ayudarnos a superar nuestra patología.

Ese fue el caso de una persona que contactó conmigo a través de LinkedIn, porque había perdido el rumbo. Se había dedicado toda su vida a trabajar en una importantísima empresa familiar del ámbito de la economía, ocupándose de la imagen y el contacto exterior. Pero llegó un momento en el que se en-
~~~~~~~~~~~~~~~~~~~~~~~~~~~~~~~~~~~~~~~~

contró muy decepcionado con su situación, y supo que tenía que cambiar de aires porque también había entrado en crisis su vida personal.

Cuando llegó a mi despacho, quería crearse su propia marca personal y estar seguro de a qué se quería dedicar. Tenía algunas intuiciones respecto a lo que quería hacer, pero no terminaba de verlo claro. Al final se dio cuenta de que su éxito creando sucursales en el exterior era lo que más le satisfacía, por la interculturalidad que implicaba, y supo que quería dedicarse a ese ámbito en particular. Ya tenía las bases para crear su start-up personal.

Aquella decisión fue el resultado de estudiar ampliamente su experiencia profesional, dónde lo había llevado ésta, y qué era lo que más le había motivado a lo largo de la vida. El contacto con otras culturas no había sido solo un punto en su vida laboral, sino también en su pasado educativo y en su tiempo libre. Este punto de unión era el que le hacía sentir bien en todos los ámbitos de su vida, y por eso supo que era hacia allí donde tenía que dirigirse de nuevo, ahora que quería dar un giro a su carrera profesional.

Actualmente, esta profesional trabaja en proyectos de comunicación intercultural en varias compañías y le han aprobado un curso para impartir en la universidad. Sigue trabajando con su empresa familiar después de un lapso de distanciamiento, pero solo a nivel operativo. Y se siente satisfecho con su vida.

Este alejamiento es necesario muchas veces para luego volver a acercarse. Desaparecer un tiempo, como hizo este cliente respecto a la empresa familiar, puede ayudar a ver las cosas con ojos nuevos. Aquello que nos disgustaba quizás ya no nos parece tan malo, y tenemos herramientas nuevas para solucionar problemas viejos.

Ser consciente de que necesitas centrarte en lo que quieres asusta muchas veces, ya que obliga a tomar decisiones difíciles. Pero, una vez tomada la decisión, aceptado el reto y abordado el desafío, pocos son los que se arrepienten.

~~~~~~~~~~~~~~~~~~~~~~~~~~~~~~~~~~~~~~
~~~~~~~~~~~~~~~~~~~~~~~~~~~~~~~~~~~~~~

La misión nos habla de las herramientas que utilizaremos para llevar a cabo nuestro sueño, nuestro proyecto vital, nuestra visión. Por lo tanto, tiene mucho que ver con nuestros valores.

La misión puede evolucionar y adaptarse a las formas y los tiempos para ir al unísono con la visión. En tiempos líquidos como los actuales, los cambios y las puestas al día son necesarios y hasta inevitables. Cada nuevo proyecto que ponemos en marcha implica una puesta al día, por pequeña que sea, de nuestra misión.

Para afrontar un cambio personal y profesional, o si queremos emprender un nuevo negocio, es importante ver si lo que estamos haciendo en el momento actual está en consonancia con lo que buscamos.

Durante los años que llevo trabajando con personas que se encuentran en esta situación, he llegado a la conclusión de que el mejor indicador es poder demostrarnos que lo que queremos hacer nos hace sentir bien, y que nos hace más felices. Porque lo que nos lleva a la felicidad nos conecta con lo que nos da sentido.

### ***EJERCICIO: ¿Cuál es mi misión?***

1. Empieza haciendo una relación de posibles caminos a seguir, de nuevas maneras de enfocar tu profesión y tu vida o de perseguir nuevos proyectos.
2. Pregúntate qué caminos o proyectos te hacen más feliz y cuáles te provocan la emoción contraria, con lo que encontrarás el criterio inicial de descarte.
3. Sigue preguntándote qué caminos te acercan más al cumplimiento de tu sueño para ir descartando el resto.

# 3. *¿Quién soy y qué puedo ser?*

Las personas auténticas saben qué pueden ofrecer al mundo y, por lo tanto, solo necesitan una estrategia para que el mundo sepa que existen. Sin embargo, el primer paso es conocer bien aquello que nos hace diferentes y a la vez útiles para nuestro entorno.

Si te encuentras en un momento de desorientación y no tienes claro lo que puedes ofrecer, te propongo que te hagas estas dos preguntas:

- ¿Qué puedo hacer yo por los demás?
- ¿Qué dolor o carencia puedo mitigar?

Antes de identificar lo que podemos hacer por los

otros y ponerlo en movimiento, no obstante, es importante hacer una revisión de lo que es uno y lo que puede aportar.

**¿Te conoces bien?**

Este era un reto que los filósofos de la Grecia clásica trataban de inculcar a sus discípulos, y que sigue igual de vigente ahora como hace miles de años. Todo gran proyecto empieza por un análisis de lo que hacemos bien, de lo que podríamos hacer mejor y, lo más interesante de todo, de lo que no hemos hecho nunca.

Para conseguirlo, es importante no dispersarnos en pensamientos inútiles y evitar que nuestra mente ejerza el mismo papel narcotizante que el televisor en momentos de zapping. En lugar de saltar de un lugar a otro sin centrarnos en nada, merece la pena desconectar de los mundos virtuales que nos «distraen» y tomar dos herramientas infalibles, una libreta y un bolígrafo, con que apuntar ideas, reflexiones y resoluciones.

Con tu cuaderno en la mano, empieza a cuestionarte tu vida, tus aficiones y tu profesión, y anota las respuestas que vayan saliendo.

Pero, por si al principio te cuesta arrancar, en el siguiente ejercicio encontrarás una batería de preguntas para activarte.

### *EJERCICIO: Hazte un chequeo vital*

Estas cuestiones te servirán para aclarar la situación en la que te hallas, encontrar un nuevo punto de partida que te ayude a pensar y, si es preciso, abrir las puertas a nuevas decisiones.

- **¿Controlas tu vida?** ¿Tienes la sensación de que detrás de lo que te sucede estás tú, o son las circunstancias las que escriben tu agenda?
- **¿Disparas sobre dianas o das palos de ciego?** En lo que haces y decides, ¿estás centrado en aquellas cosas sobre las que tienes algún tipo de influencia, o vas andando a trompicones e intentando cambiar lo que no depende de ti?¿Sabes identificar aquello en lo que realmente tienes capacidad de influencia?
- **¿Sabes lo que esperas de tu vida?** ¿Cómo te gustaría que la gente te recordase?

- **Cuándo organizas tu agenda durante el año, ¿qué criterios utilizas para dar prioridad a los asuntos que van apareciendo?** ¿Lo que haces en tu día a día te ayuda a ponerte en ruta para alcanzar lo que realmente quieres?
- **¿Tienes algún sueño que te gustaría cumplir?** ¿Tienes entre manos algún proyecto que te emocione?
- **¿Tu vida está equilibrada?** ¿Cuáles son las cosas importantes a las que quieres dedicar tu tiempo? ¿Familia? ¿Trabajo? ¿Amigos? ¿Dinero? ¿Salud?
- **¿Lo que haces tiene valor para los demás?** ¿Les ayudas en algo?¿Les tienes en cuenta, o siempre hablas de ti?
- **¿Cómo valoras tu salud?** ¿Necesitas actuar para mejorarla?

Las respuestas que salgan de este chequeo vital, en forma de notas, te servirán para trazar un esquema que te permitirá entender de forma sinóptica tu situación.

~~~~~~~~~~~~~~~~~~~~~~~~~~~~~~~~~~~~~~~~~~~~~~

## CASO 3:

## La economista que se convirtió en diseñadora de espacios

Beatriz era una buena profesional del control de gestión. Se había formado como economista, ampliado estudios con un master y diversos cursos de especialización, y tenía un buen trabajo dirigiendo un equipo de personas en una gran empresa y supervisando diversos negocios.

Me contaba que de pequeña, cuando salía a dar vueltas con sus amigas en bicicleta, le gustaba entrar en las casas en construcción para imaginarse cómo serían los espacios una vez finalizada la obra.

Cuando llegó la hora de escoger estudios universitarios, la presión familiar y las probabilidades de empleabilidad la hicieron decantarse por la economía. Y el paso del tiempo, como hemos visto, demostró que su apuesta había sido correcta.

Años más tarde, al quedarse embarazada de su segundo hijo, volvió a recordar las escenas infantiles
~~~~~~~~~~~~~~~~~~~~~~~~~~~~~~~~~~~~~~~~~~~~~~

de los paseos en bicicleta y las entradas furtivas en los edificios en construcción. Y empezó a preguntarse qué hubiera pasado si, en vez de economía, hubiera escogido alguna disciplina relacionada con el diseño y la gestión de los espacios. Poco a poco fue fraguándose la ilusión de una reorientación profesional para abandonar lo que era racional, y en la práctica correcto, por un proyecto vocacional.

Dejó su trabajo en la empresa e inició los estudios de diseño de interiores en una conocida escuela de su ciudad, convirtiéndose en una de las seniors de su promoción, rodeada de veinteañeros. En el camino tuvo su tercer hijo, una niña y finalmente se graduó. Hoy ha conseguido tirar adelante su estudio de interiorismo y vive feliz, dedicándose a aquello que siempre la había motivado.

~~~~~~~~~~~~~~~~~~~~~~~~~~~~~~~~~~~~

## Fuego amigo

Antes de salir a vender nuestro talento y nuestras ideas, compitiendo con otras personas que también tienen pro-
~~~~~~~~~~~~~~~~~~~~~~~~~~~~~~~~~~~~

puestas de valor, debemos asegurarnos de que hacemos todo lo posible por ayudarnos. Porque, más a menudo de lo que creemos, nos encargamos de boicotear nuestros propios proyectos.

El fuego amigo es muy conocido en los círculos militares. Se refiere a aquella situación en la que los disparos provienen del propio bando. Es muy temido, porque crea desconcierto y causa muchas bajas que se habrían podido evitar. Como el portero que se mete el gol en propia puerta para asombro de la defensa.

Estas situaciones suceden por fallos de coordinación que llevan a tomar como enemigos a los que no lo son, y el resultado es que las bajas se producen en el propio bando.

Si decidimos acometer cualquier proyecto, ya sea dentro de la propia empresa o por cuenta propia, debemos estar centrados para no generar fuego amigo que nos pueda llevar por caminos no deseados, o directamente al desastre.

## Cuando el obstáculo está en casa

Llevar adelante un proyecto personal es una decisión que

nos hace a entrar en el campo de la incertidumbre, del riesgo y de la posibilidad de éxito, pero también del error y del fracaso. Esto ya de por sí es complicado de gestionar, pero puede serlo todavía más si permitimos que nos invadan pensamientos negativos que incrementen nuestro nivel de inseguridad.

Si somos capaces de identificar este tipo de situaciones de antemano, cuando aparezcan tendremos mayores posibilidades de hacerles frente y neutralizarlas.

Los pensamientos negativos aparecen en los momentos más inoportunos y de manera preferente cuando estamos en horas bajas. Es como si quisieran hacer leña del árbol caído, justo en los momentos en que tendríamos que estar celebrando un avance. Son tóxicos, porque emponzoñan nuestra existencia, y muchas veces consiguen apartarnos de nuestros objetivos.

**Y lo peor es que somos nosotros mismos los que los fabricamos.**

~~~~~~~~~~~~~~~~~~~~~~~~~~~~~~~~~~~~~~~~

## CASO 4:
## Un error de casting

Un caso especialmente complejo al que tuve que enfrentarme fue el del director y responsable para toda Europa de una importante multinacional. Este gran hombre se daba cuenta de que necesitaba fortalecer su marca personal, porque sabía que pronto necesitaría un cambio.

Sabía que en breve le echarían de su puesto de trabajo, porque estaba seguro de que no iba a cumplir las expectativas que habían puesto en él aquellos que le habían promocionado. No era un paranoico, pero estaba convencido de que no poseía las habilidades necesarias para las tareas que tenía asignadas. Y por eso acudió a mí.

Trabajando con él, enseguida me di cuenta de que sí poseía aquellas habilidades de las que dudaba. Pero lo más impactante de todo fue que, mientras trabajábamos juntos, le informaron de que a partir del año siguiente no solo desempeñaría aquel puesto
~~~~~~~~~~~~~~~~~~~~~~~~~~~~~~~~~~~~~~~~

en el ámbito europeo, sino también a nivel mundial. Es decir que, en medio de su proceso de duda, se enteró de que también tendría que responsabilizarse de su área del banco en dos continentes más.

En su caso, al final, el trabajo de su marca personal fue una anécdota. En lo que trabajamos duro fue en su seguridad y su forma de verse a sí mismo. Le hice ver que el problema no eran sus jefes, sino su costumbre de menospreciar las habilidades que los demás sabían que tenía. También necesitó aceptar que sus superiores no intentaban ponerle en una trampa o buscar que fallara, sino que eran personas experimentadas que confiaban plenamente en él.

Hablando mucho, al final conseguimos que tomara conciencia de sus propios méritos. Y me consta que desarrolla a la perfección su trabajo, aunque a veces la costumbre aún le haga dudar.

~~~~~~~~~~~~~~~~~~~~~~~~~~~~~~~~~~~~

Como este cliente, en realidad, hay mucha gente. Son muchas las personas que creen que tienen trabajos que están por encima de sus posibilidades, o que sus jefes descubri-
~~~~~~~~~~~~~~~~~~~~~~~~~~~~~~~~~~~~

rán pronto que no valen tanto como habían llegado a pensar. La vida nos lleva muchas veces de un lado a otro sin tener tiempo de hacernos a la idea de que estamos teniendo el éxito que nos merecemos.

Sobre todo cuando te promocionan de forma inesperada, puedes sentirte fuera de tu lugar. Si no tienes claro dónde quieres ir pero no lo haces mal, es fácil que te vayan moviendo de un lado a otro y te hagan subir en el escalafón. No eres tú quien escoges, sino que te suben los demás. Y cuando esto sucede, es fácil que te desubiques y te sientas inseguro. Cuando ayudas a una persona con este problema a visualizar la situación, y a entender cómo ha llegado donde está, su postura cambia completamente.

El objetivo es que la gente escoja. Pero para que pueda escoger su propia opción, tiene que saber lo que puede aportar a los demás y cuáles son sus valores. Es decir, que debe construir su start-up personal. Si tiene claro lo que puede ofrecer, si sabe comunicarlo y tiene la confianza necesaria, al final la acabarán escogiendo para el lugar en el que quiere estar. Pero si ha llegado allí sin saber muy bien ¿cómo podrá encontrar la comodidad y la seguridad que conseguirán que ya no dude más?

En el origen del mal está la semilla de la solución, como suele decirse, ya que si nosotros creamos nuestras inseguridades también podemos deshacernos de ellas. ¿Cómo? Pues conociéndonos mejor, tomando consciencia de lo que nos está sucediendo y teniendo a mano un botiquín de primeras curas para desactivarlos cuando aparezcan.

Antes de seguir adelante, veamos algunos ejemplos de pensamientos negativos dispuestos a boicotear cualquier sueño o proyecto que tengamos:

- **«No soy capaz».** Después de años luchando en muchos frentes y habiendo demostrado que somos capaces de salir airosos de situaciones muy complicadas, de pronto tememos que no podamos con lo que precisamente nos hemos propuesto, con tanta ilusión. La idea del fracaso asoma por el horizonte.

***Solución:*** Hacer un balance de nuestra trayectoria hasta el momento actual, y recordar cómo hemos hecho frente a situaciones similares, nos dará fuerzas para no ver el presente y el futuro tan amenazadores. Hablar con otras personas que hayan pasado por circunstancias similares de incertidumbre también nos permitirá encontrar el camino hacia la solución o, por lo menos, nos ayudará a movernos sin miedo.

- **«No estoy preparado».** En un mundo en constante cambio, ¿quién esta suficientemente preparado para nada?

***Solución:*** Los emprendedores, y los soñadores en general, tenemos alma de director de orquesta. Sabemos crear sonidos armónicos, pero no somos virtuosos en ningún instrumento. Y es mejor que nunca lo seamos, porque perderíamos visión y oportunidades. Ante el fantasma de la falta de preparación, recordemos nuestra experiencia en otros desafíos. Esto nos permitirá agarrarnos a nuestras auténticas palancas, ya que el camino que hemos recorrido nos ha hecho indiscutiblemente sabios.

- **«Yo solo no puedo con todo».** Y nadie te lo pide.

***Solución:*** Busca ayuda en otros profesionales o amigos. Reparte juego y vende tu proyecto con ilusión para que otros te acompañen y te apoyen. El buey solo que bien se lame del dicho popular, no sirve para hacer negocios. Y las buenas alianzas pueden sacarnos de la soledad y de más de un atolladero.

- **«Ya no sé ni para qué sirvo».** Este es un obús que muchas veces lanzamos a nuestra base de flotación, y no tiene otra finalidad que destruir nuestra propuesta de valor.

***Solución:*** Antes de empezar un negocio o un proyecto, si trabajamos a fondo la estrategia (como veremos en el siguiente capítulo) y somos capaces de explicarnos cuál es nuestro propósito y nuestras propuestas de valor, tendremos una carta de navegación a la que agarrarnos cuando asomen las dudas.

- **«No tengo suficiente carácter».** O, en otras palabras, «no sé por qué me he metido en esto». Los aficionados a subir montañas tenemos más posibilidades de comprender esta situación, ya que cuando llevas horas andando, sudando, hambriento y con los pies doloridos, te preguntas qué diantres estás haciendo allí cuando podrías haberte quedado en casa. Y lo más chocante es que la mayoría de las veces has iniciado el camino con ilusión, después de haber preparado minuciosamente el ascenso.

***Solución:*** La mejor manera de superar esta situación es tener una imagen clara de dónde estamos en cada momento, y adónde queremos llegar. Visualizar la cima o los objetivos que nos hemos propuesto refuerza nuestra capacidad emocional para hacer frente a los retos, y un buen mapa mental ayuda mucho a tener las cosas claras. Al final, cuando llegamos a la cima, la satisfacción por no haber desfallecido refuerza nuestra autoestima para aventuras futuras.

- **«No me lo merezco».** Esta es una frase con dos lecturas. La primera se produce cuando las cosas van viento en popa, y el pensamiento aparece en nuestra mente para quitarnos el derecho a triunfar.

***Solución:*** He tenido clientes que, de manera periódica, esperaban que llegara el momento de ser desenmascarados por su impostura. Estaban convencidos de que haber llegado hasta sus puestos actuales no era más que un error de *casting* por parte de sus jefes o de sus clientes. Y lo peor de todo es que, cuando ya se veían de patitas en la calle o en la ruina, llegaba un nuevo ascenso o un nuevo contrato que volvía a llenarles de desazón. Yo he llegado a la conclusión de que este tipo de personas tienen un nivel de autoexigencia tan grande, que no se valoran suficiente y se identifican como impostores a pesar de que los resultados digan lo contrario. En estos casos, lo mejor es darse a uno mismo la posibilidad de equivocarse y tomar perspectiva de las situaciones. La meditación ayuda mucho, así como contrastar las propias capacidades con alguien de confianza o con un mentor.

- **La segunda lectura aparece** cuando las cosas van mal y, para no tomar responsabilidades sobre el asunto, nos repetimos hasta la saciedad que no merecemos el trato recibido por parte de quien sea o del destino, que nos tiene tirria. Vaya, es como si el problema no fuera con nosotros.

***Solución:*** Hacer un esfuerzo de honestidad para ver cuál es nuestra responsabilidad nos será de gran utilidad. Pedir *feedback* al entorno también puede aclararnos muchas cosas.

Vaya todo bien o mal, no nos castiguemos. Somos responsables de los éxitos y de los fracasos que tenemos, pero no tiene sentido que practiquemos actos de sabotaje hacia nuestra persona y nuestros proyectos.

## *EJERCICIO: 4 pasos contra la negativitis*

**1. HÁBLALO CON OTRAS PERSONAS.** El solo hecho de airear tus pensamientos negativos te ayudará a desenquistarlos. En cambio, dejar que sigan girando en tu centrifugadora mental solo conseguirá distorsionar y agrandar el problema.

**2. ESCRÍBELO.** Si no tienes a nadie de confianza con quien hablarlo, escribe un mail o una carta explicando a esa persona todo lo que te ha enfadado de ella. Pero, sobre todo, no lo envíes. Déjalo reposar al menos 48 horas. Te servirá para identificar tus sentimientos.

**3. MEDITA VEINTE MINUTOS.** Aunque solo logres poner la mente en blanco unos segundos, este ejercicio te servirá para tirar de la cadena mental. Para lograrlo, siéntate con la espalda recta y centra tu atención solo en el aire que entra y sale de tus fosas nasales. No valores ni rechaces ningún pensamiento que surja, por terrible que sea. Etiquétalos como tales y déjalos pasar como si fueran nubes.

**4. SAL A PASEAR.** Estirar las piernas por un parque o incluso andar por la calle entre los transeúntes nos ayuda a restar dramatismo mental a cualquier cosa que haya sucedido.

## ¿Y si el culpable fueras tú?

Hay gente que asegura tener muy mala suerte. Siempre la fastidian, les toca lidiar con los peores proyectos, con los empleados incompetentes o con los compañeros perversos y, cuando se quejan, le enseñan la puerta sin contemplaciones.

A estas personas, yo les diría: ¿Qué te pasa? ¿El mundo se ha confabulado para fastidiarte, o tú eres parte del problema?

Tenemos facilidad para ver la paja en el ojo ajeno y no vemos la viga en el propio. La culpa siempre es de los demás, que nos la tienen jurada a nosotros, que somos tan competentes y unos pedazos de pan.

Antes de salir al mundo a ofrecer nuestro talento, es importante saber la reputación que tenemos para poder contrastarla con nuestras creencias. Algunas veces el resultado es sorprendente.

Si nos da corte preguntar, la canadiense Suzanne Lucas señala estos cinco indicadores que deberían encender todas nuestras alarmas:

- **«He tenido muchos jefes puñeteros en mi vida».**

Aunque parezca ley de vida que un jefe sea puñetero y odioso, que disfrute marcándonos de cerca sin dejarnos respirar, si la situación se repite una y otra vez cabe la posibilidad de que nosotros seamos parte del problema, y no un imán de pervertidos.

Merece la pena preguntarnos si lo que nos dice el jefe tiene sentido, si podemos ser proactivos, y si podemos aportar soluciones en lugar de maldecir nuestra suerte. Muy probablemente, si cambiamos nosotros, cambiarán también nuestras circunstancias.

- «**Siempre me echan la bronca a mí**»

...Y los demás hacen lo mismo. Llegan tarde, se pasan el tiempo en la máquina de café o fumando en la calle, como si no pasara nada, y en cambio contigo son más exigentes. ¿Agravio comparativo, o quizás tu comportamiento motiva a no hacer la vista gorda?

Fíjate en si entregas las cosas a tiempo, si ayudas a cohesionar el equipo y si tu actitud es positiva. Acto seguido, compárate con los demás. Posiblemente estés haciendo algo que te pone en evidencia, y por eso van a por ti.

- **«Los demás me evitan»**

A ti, que eres encantador. Si te sucede, mira cómo te comportas en sociedad. ¿Criticas de manera constante? ¿Eres poco delicado comiendo? ¿Tu lenguaje es soez e incorrecto? ¿Te quejas por todo y armas follón cuando algo se tuerce?

Puede que te lo estés ganando a pulso y no te das cuenta, eso es lo trágico.

- **«A menudo me siento herido»**

¿Encuentras que el mundo está lleno de machistas, de racistas, de derechistas... o lo que sea, y sus actitudes te ofenden constantemente? Posiblemente el mundo no se haya confabulado en tu contra. Puedes asumir que en la mayoría de las ocasiones nadie te quiere hacer daño, y que la diversidad es esto: que los demás son, piensan y actúan de manera diferente a la nuestra. Y que, normalmente, no pasa nada. No tienes por qué tomártelo a pecho.

- **«Estoy rodeado de imbéciles»**

Todos son tontos: tus jefes, sus jefes, tus compañeros, tus novios o novias... y aguantarles es una tarea de titanes. Tú eres el elegido, el bueno y el guapo de la película.

Si piensas de este modo, te quedarás solo. Es posible que te comuniques mal y que entenderte sea complicado. También cabe la posibilidad de que no tengas las antenas desplegadas para entender lo que te dicen los demás. En todo caso, revísalo. Verás como las cosas pueden mejorar si pones un poco de tu parte.

## El valor de la autenticidad

Hay quien piensa equivocadamente que las personas que se «marcan faroles», esgrimiendo méritos que no tienen, logran mejores resultados ante los demás tanto si se trata de hacer una venta como de encontrar pareja.

En el extremo opuesto, tampoco es cierto que andar bajando la cabeza y diciendo sí a todo nos haga sujetos más deseables. Al contrario, las personas muy sumisas generan rechazo y facilitan relaciones de desequilibrio.

Otro tipo de personas que no convocan el entusiasmo son aquellas que siempre se están lamentando, asegurando que merecen más de lo que obtienen.

Tras ver todos estos modelos, la pregunta es: ¿qué es lo que hace que alguien sea apreciado y elegido?

Lo podemos ver en esta fábula de autor desconocido:

> *Cuenta la leyenda que tres hombres se presentaron a pedir trabajo en una gran agencia de colocación. A cada uno le preguntaron qué empleo u oficio deseaba realizar, y por qué querían hacerlo.*
>
> *—Yo pienso hacer cualquier trabajo —dijo el primero—. El que salga. No importa si me gusta o no, necesito dinero.*
>
> *—Yo puedo trabajar como camarero o peón de obra —explicó el segundo—. Preferiría dirigir una empresa o ser jefe de personal, pero como eso no es posible, me conformo con un puesto sencillo.*
>
> *—Pues yo quiero ser jardinero —dijo el tercero—. Siempre me ha gustado trabajar con las flores y los jardines. Las plantas bien cuidadas recrean la vista de la gente. Un bello jardín siempre procura descanso para los sentidos.*
>
> *Terminadas estas entrevistas, solo el tercer candidato fue elegido para el puesto que quería. Con el tiempo, acabaría siendo el gerente de una gran empresa forestal.*

### ***EJERCICIO: Detecta si te encuentras en «tu elemento»***

A Sir Ken Robinson, referente mundial en el campo de la educación, le preguntan muy a menudo cómo se puede saber cuándo uno ha encontrado su pasión, aquello para lo que sirve y que puede ofrecer a los demás.

Para este experto en creatividad, la clave está en prestar atención a cómo nos sentimos al realizar cualquier actividad. En sus propias palabras: «Cuando estamos en nuestro Elemento, sentimos que estamos haciendo lo que se supone que tenemos que estar haciendo y siendo lo que se supone que tenemos que ser. También el tiempo se siente de forma distinta en la zona o en flujo. Cuando se está conectado de esta manera con nuestros más profundos intereses y nuestra energía natural, el tiempo tiende a pasar más rápido, con mayor fluidez.»

# 4. *Storytelling: el arte de contar tu historia*

De nada sirve tener talento o ser los mejores en lo nuestro, si no somos capaces de comunicárselo a los demás con una historia que quede grabada en sus corazones. En Estados Unidos nos llevan ventaja en esto, y las personas consiguen reconocimiento explicando de forma emotiva quiénes son, de dónde vienen y a dónde se están dirigiendo.

En ese país, por ejemplo, es muy común contar los fracasos en público, como trampolín para justificar lo que se ha conseguido después. Esta práctica está presente incluso a la hora de elaborar un currículum vitae. Si un norteamericano ha sido despedido de su empresa o se ha arruinado en su negocio, lo pone como un valor. Algo impensable en los países mediterráneos, donde tendemos a barrer los fracasos bajo la alfombra y esgrimimos solo los éxitos.

¿Y por qué lo hacen ellos entonces? Pues porque el relato de lo que no salió bien, pero nos enseñó grandes lecciones, nos hace humanos y transmite a nuestro público un valor importante: somos capaces de aprender, de mejorar, y de superarnos.

**TIENES QUE CONFIAR EN ALGO**

En su célebre discurso para los alumnos de Stanford, quizás el más emotivo y eficaz que haya dado jamás un empresario en la historia reciente, Steve Jobs relataba cómo tuvo que abandonar la universidad porque sus padres no podían costearla. Así explicó cómo empezó a asistir de oyente a algunas clases, y las consecuencias que eso tuvo en su vida:

*«En el momento en que lo dejé, ya no fui más a las clases obligatorias que no me interesaban y empecé a meterme en las que parecían interesantes. No era idílico. No tenía*

*dormitorio, así que dormía en el suelo de las habitaciones de mis amigos. Devolvía botellas de Coca Cola por los 5 céntimos del envase para conseguir dinero para comer, y caminaba más de 10 kilómetros los domingos por la noche para comer bien una vez por semana en el templo de los Hare Krishna.*

*Me encantaba.*

*Y muchas cosas con las que me fui topando al seguir mi curiosidad e intuición resultaron no tener precio más adelante.*

*Os daré un ejemplo.*

*En aquella época, la Universidad de Reed ofrecía la que quizá fuese la mejor formación en caligrafía del país. En todas partes del campus, todos los pósters y las etiquetas de todos los cajones estaban bellamente caligrafiadas a mano.*

*Como ya no estaba matriculado y no tenía clases obligatorias, decidí atender al curso de caligrafía para aprender cómo se hacía.*

*Aprendí cosas sobre el serif y tipografías sans serif, sobre los espacios variables entre letras, y sobre qué hace real-*

*mente grande a una gran tipografía.*

*Era sutilmente bello, histórica y artísticamente, de una forma que la ciencia no puede capturar, y lo encontré fascinante. Nada de esto tenía ni la más mínima esperanza de aplicación práctica en mi vida. Pero diez años más tarde, cuando estábamos diseñando el primer ordenador Macintosh, todo eso volvió a mí.*

*Y diseñamos el Mac con eso en su esencia. Fue el primer ordenador con tipografías bellas. Si nunca me hubiera dejado caer por aquél curso concreto en la universidad, el Mac jamás habría tenido múltiples tipografías, ni caracteres con espaciado proporcional. Y como Windows no hizo más que copiar el Mac, es probable que ningún ordenador personal los tuviera ahora. Si nunca hubiera decidido dejarlo, no habría entrado en esa clase de caligrafía y los ordenadores personales no tendrían la maravillosa tipografía que poseen.*

*Por supuesto, era imposible conectar los puntos mirando hacia el futuro cuando estaba en clase, pero fue muy, muy claro al mirar atrás diez años más tarde.*

*Lo diré otra vez: no puedes conectar los puntos hacia adelante, sólo puedes hacerlo hacia atrás. Así que tenéis que confiar en que los puntos se conectarán alguna vez en el futuro. Tienes que confiar en algo, tu instinto, el destino, la vida, el karma, lo que sea.*

*Esta forma de actuar nunca me ha dejado tirado, y ha marcado la diferencia en mi vida.»*

**Conexión emocional**

Si la fe mueve montañas, las historias ablandan los corazones. Un buen relato es la mejor contraseña para conectar emocionalmente con nuestro interlocutor, y nos ayudará a ser conocidos, reconocidos, memorables y elegidos. Como en el discurso que hemos visto de Steve Jobs, una buena historia, la nuestra, es la mejor herramienta de comunicación de nuestra marca personal.

El storytelling (la narrativa, el contar historias) es una técnica publicitaria muy conocida y utilizada, y su incorporación al personal branding es una consecuencia lógica que ayuda a comunicar la propuesta de valor en cualquier ámbito de nuestra vida.

Cuando trabajamos nuestro relato, tenemos en el visor

a nuestro público. Queremos emocionar para que nuestro mensaje cale hondo, pero muchas veces olvidamos que el primer destinatario de nuestra historia somos nosotros mismos.

Nuestra start-up personal no es una marca comercial, así que cuando tomamos consciencia de que es importante gestionarla ya hemos recorrido una parte importante de camino. Nunca partimos de cero y nuestro pasado importa porque, gracias a él, somos lo que somos en un momento dado. Como la historia de Jobs con las clases de caligrafía.

Podemos cambiar, podemos mejorar, podemos hacer grandes planes y reformular nuestra propuesta de valor, pero no podemos hacer tabla rasa. Venimos de donde venimos y hemos de ser conscientes de ello.

~~~~~~~~~~~~~~~~~~~~~~~~~~~~~~~~~~~~~~~~

## CASO 5:

## La experiencia también es una marca

A veces son los propios psicólogos los que necesitan tratamiento, y lo mismo sucede en el ámbito de la educación. Uno de mis clientes fue un profesor de filosofía ruso que vivía en Madrid, de setenta y dos años, que necesitaba seguir en activo para poder ganarse el sustento. Deseaba mantenerse en su campo, pero no quería seguir dando clases porque era muy cansado y exigente. Prefería hacer conferencias y trabajar directamente con las personas.

Hablando con él, me di cuenta de que tenía un relato potentísimo. Había sido profesor en Rusia, y había venido a España porque le habían amenazado de muerte debido a sus opiniones incendiarias. Es decir, que tuvo que exiliarse por su pasado revolucionario, pero era algo que siempre había escondido por miedo a que aquel bagaje fuese un detrimento en su profesión. Además sentía que pendía de un hilo, porque aunque había trabajado con los profesionales más brillantes de Rusia, no tenía una
~~~~~~~~~~~~~~~~~~~~~~~~~~~~~~~~~~~~~~~~

titulación que fuera homologable aquí.

Mi trabajo consistió en hacerle ver que tenía que capitalizar todo ese pasado que había estado escondiendo. Debía revivir su experiencia en la lucha revolucionaria y su habilidad para la comunicación, y ponerlas al servicio de la gente que se hallaba a su alrededor.

A través del relato, fue capaz de demostrar a sus clientes que se puede superar casi cualquier circunstancia, porque él mismo lo había experimentado. Podía servir de ejemplo, y consiguió con eso que las personas que acudían a él viesen a una verdadera persona, y no solo a un formador.

~~~~~~~~~~~~~~~~~~~~~~~~~~~~~~~~~~~~

El relato personal es otra forma de hacer llegar tus habilidades y tus capacidades al resto de las personas. No se trata de hacer una descripción curricular, sino utilizarlo para mostrar lo que has conseguido, en lo que has fracasado y lo que te ha movido, y cómo todo ello ha influido en la persona que eres ahora.
~~~~~~~~~~~~~~~~~~~~~~~~~~~~~~~~~~~~

En el caso de este profesor ruso, por ejemplo, el relato tuvo el efecto de hacerle accesible y dulcificarlo frente a sus alumnos, convirtiéndose en un buen referente para ellos. Además le sirvió para promocionarse y ampliar su cartera de clientes, ya que el boca a oreja se expandió enormemente en su beneficio. Al fin y al cabo, no todo el mundo podía decir que había aprendido de un revolucionario ruso que había conseguido sobrevivir para transmitir su experiencia sobre la vida.

Siempre hay gente que dirá que ha perdido, incluso que lo ha perdido todo. Pero quien habla así es porque no ha hecho una buena lectura de su vida, y no ha sabido extraer aquellas cosas que pueden ayudarle a encontrar un significado y una nueva ilusión.

Hacer una revisión de lo que ha sido la propia existencia siempre es un buen primer paso para enfrentarse al cambio y crear la start-up personal que muestre lo genuinos que somos, y lo mucho que podemos aportar a los demás.

## La pasión se contagia

Para saber explicar algo, aparte de conocer los métodos

retóricos que te ayuden a argumentar de manera consistente, también es muy importante que se establezcan aquellos elementos que crean una conexión emocional con cualquiera y cada una de las personas que te están escuchando.

Yo tengo algunas experiencias de cuando trabajaba como director financiero. Participé en varias rondas de financiación en las que explicaba una propuesta de negocio estructurada en la que aparecían cifras, proyecciones, estudios de mercado, etc. Lo explicaba a siete u ocho ejecutivos de bancos, que se sentaban a mí alrededor en una mesa. Les hacía participar de mi ilusión y del sentido que tenían todas las operaciones que les explicaba, de forma que no sólo les pedía dinero, sino que les hacia entender el sentido que tenia para nosotros ese dinero y qué era lo que íbamos a lograr con él.

Cuando te explicas en un tono emocional y haces que el interlocutor interiorice la idea, aparte de entenderte mejor, consigues que el otro quiera ayudarte con más facilidad porque estará convencido de ello.

Siempre aconsejo a aquel que tenga que contar una historia, que use aquellos elementos que acerquen a su interlocutor a lo que tiene sentido para el narrador. Que lo acerque a su visión y misión, para que pueda entender y compartir los mismos valores aunque no sean los suyos.

Ese es el secreto de un buen relato: convertir un hecho en una historia emocional con el que puedes hacer regresar aquello que la realidad, por motivos no objetivos o perjuicios, había perdido.

## El capital de la experiencia

Nuestro pasado, sea cual sea, es una palanca fundamental para proyectarnos hacia el futuro. Es posible que hayamos tenido éxitos importantes, o que hayamos metido la pata hasta el fondo, pero si estamos aquí es gracias a ello.

**Todo ha sido motivo de un aprendizaje que ayuda a situarnos en el momento presente y a visualizar el futuro.**

Por eso digo que, cuando elaboramos el relato de nuestra marca personal, el primer destinatario somos nosotros mismos. Trabajar nuestro relato nos ayuda a tomar consciencia de dónde venimos y a definir la meta que nos proponemos alcanzar. Y, cómo no, debemos ser los primeros en creérnoslo.

Nuestro *storytelling* es un acto de libertad a través del que exponemos nuestro objetivo en la vida, que es nuestra visión. Como dijimos en el primer capítulo: la manera de alcanzarlo (que es nuestra misión) y las reglas con las que queremos hacerlo (que son nuestros valores).

Para convencer a los demás, debemos estar en primer lugar absolutamente convencidos de que nuestra propuesta es realmente de valor, y que nos hace únicos.

El primer paso para el éxito empieza por tanto en uno mismo pero, no lo olvidemos, el primer paso para el fracaso también. Es por ello que nuestro relato es personal e intransferible: está embebido de nuestra historia y de nuestros proyectos. Conecta lo que hemos sido hasta el momento presente con lo que queremos ser, y explica cómo, a través de lo que hemos ido aprendiendo a lo largo de nuestra vida (sea larga o corta), ayudaremos a nuestro público, a nuestros clientes, a alcanzar sus objetivos.

Que el relato sea personal e intransferible significa que **tiene que ser un reflejo verdadero de lo que somos**. Un relato artificial convertirá nuestra start-up personal en un artefacto, y acabaremos perdiendo la credibilidad ante los demás.

Cuando nuestro relato nos convenza y emocione, entonces estaremos capacitados para ponerlo en conocimiento de los demás.

¿Tienes ya un relato elaborado? ¿Eres consciente de lo que cuentas a los demás?

***EJERCICIO: Así se escribe un relato emocional***

1. Empieza hablando de algún hecho personal que te haya llevado a desarrollar tu actividad. ¿Tuviste alguna revelación que te hizo descubrir tu misión?
2. A continuación, plantea tu propuesta de valor con el lenguaje más directo y emotivo posible, como si lo estuvieras contando a un amigo.
3. Explica de qué herramientas dispones para llevar a cabo tu propuesta y cómo puede ayudar a los demás.
4. Como cierre, ponte a disposición del mundo para ofrecer lo que tienes.

### Aliviar el dolor de los demás

Lean Ramfelt, Jonas Kjellberg y Tom Rosnik son autores

del libro *Gear Up* que explica cómo probar los modelos de negocio para que se conviertan en un éxito.

Me gusta especialmente su visión sobre la propuesta de valor, ya que parten del principio básico de que todos necesitamos clientes o un público que nos compre o nos elija. Pero para que esto sea posible, debemos saber qué necesidad o qué "dolor" tienen que nosotros podamos satisfacer o solucionar. Necesitamos una auténtica pasión para encontrar el "remedio" que alivie su dolor y, añaden, debemos estar dispuestos a mirar todas las soluciones posibles y ofrecerles la mejor. Si no es así, tendremos pocas posibilidades de éxito.

Nuestra razón de ser como marca personal y como modelo de negocio tiene que estar alimentada por nuestra capacidad de solucionar problemas. Y seguiremos en activo si encontramos a las personas, cuantas más mejor, que quieran solucionar un problema, y seamos precisamente nosotros quienes les ayudemos a hacerlo.

El dolor es algo que deja intranquilo a nuestros clientes o a nuestro público. Les hace sentir incómodos o les impide avanzar de la manera que a ellos les gustaría. Ostewalder y Pigneur, en su libro *Generación de Modelos de*

*Negocio,* describen ocho maneras de identificar las propuestas de valor. Las explicaré a continuación a través de algunos ejemplos:

1. Cuando un cliente nos explica que lo que está haciendo le está resultando lento, que le hace perder tiempo o que es muy complicado, en realidad se refiere a que necesita **mejoras en sus procesos**. Ese es su "dolor" en este momento preciso, y nuestra propuesta de valor tendrá éxito si realmente somos capaces de ahorrarle tiempo o hacer que su manera de trabajar sea más efectiva.
2. En otras ocasiones puede encontrarse con que sus productos o el servicio que ofrece le parece muy banal, poco original o presentado de manera inadecuada. Su preocupación se centra en este caso en el **diseño,** y nuestra aportación será precisamente diseñar productos y servicios que sean atractivos y que tengan sentido para las personas a quienes están dirigidos.

   Nuestra propuesta de valor También pasará por tener productos diseñados con cariño y de manera profesional, para que entren de manera más fácil en el corazón de nuestros clientes.

3. Si los clientes nos expresan dificultades en que el público al que se dirigen no acaba de identificarles correctamente, nos estarán hablando de problemas con su **marca.** Para ayudarles, podemos trabajar con ellos para crear marcas potentes que lleguen bien a su audiencia.

   Pero, por otra parte, también será una propuesta de valor propia que nuestra marca sea bien reconocida. Trabajar con empresas potentes y de prestigio es una condición imprescindible para muchas personas.

4. A menudo conseguimos llegar al cliente con un servicio que cubre perfectamente sus necesidades, pero que está prestando algún que otro competidor. En este caso el **precio** puede ser una propuesta de valor deferencial, ya que si somos capaces de dar un servicio equiparable al de los competidores con un precio inferior tendremos una ventaja comparativa muy importante.

5. Un servicio importante para nuestros clientes y que al mismo tiempo es una propuesta de valor, consiste en ayudar a **reducir costes**. Si ayudamos a que puedan desempeñar la misma actividad gastando menos, ob-

tendrán un ahorro que podrán transformar al mismo tiempo en una propuesta de valor, reduciendo precios para sus clientes y mejorar su posicionamiento.

6. Tener buenos productos o servicios con propuestas de valor potentes y eficientes, pero complicadas para hacerlas llegar a los consumidores, es un hándicap importante y ocasiona un dolor intenso en las cuentas de quien lo sufre. Mejorar la **accesibilidad** a los productos facilitando su uso por el segmento más amplio posible de los consumidores objetivo, es una propuesta de valor evidente. Empresas de economía colaborativa como Airbnb o Huber facilitan el acceso a los servicios de alojamiento o uso de vehículos con conductor, por ejemplo.

7. Ayudar a que lo que nuestros clientes hacen sea más cómodo de usar o hacer que lo que nosotros hacemos también lo sea, son propuestas de valor que se refieren a **la comodidad y la utilidad**. Hacer que algo sea más cómodo y útil pasa por el formato, los procesos y la manera de producir. Si conseguimos que los clientes se diviertan usando nuestros productos, tendremos mucho terreno ganado.

Los mismos autores, Ostelwalder, Pigneur, y esta vez también Gregory Bernarda y Alan Smith, nos definen en su libro *"Diseñando la propuesta de Valor"* las 10 características que tienen todas las grandes propuestas de valor:

1. Se afianzan en grandes modelos de negocio.
2. Se centran en los trabajos, las alegrías y las frustraciones que más les importan a los clientes.
3. Se focalizan en trabajos no solucionados, frustraciones no resueltas y alegrías no obtenidas.
4. Tienen como objetivo pocos trabajos, frustraciones y alegrías, pero se centran en ellos extremadamente bien.
5. Van más allá de los trabajos funcionales y abordan también los aspectos emocionales y sociales.
6. Están en consonancia con el modo en que los clientes miden el éxito.
7. Se concentran en los trabajos, frustraciones y alegrías que tiene mucha gente, o por los que muchos pagarán mucho dinero.
8. Se diferencian de la competencia en los trabajos, frustraciones y alegrías que escogen.
9. Superan a la competencia de manera significativa por lo menos en un ámbito.
10. Son difíciles de copiar.

La propuesta de valor es tan importante, que siempre que inicio la construcción de un modelo de negocio empiezo por ella. Si no resulta potente o si no somos capaces de explicarla de manera clara es mejor no continuar hasta tenerla más elaborada. Sin propuesta de valor o con una poco significativa que no responda a las necesidades de los clientes, el modelo de negocio se va a pique.

### Un ejemplo de propuesta de valor

El cineasta Jean Cocteau decía: *«lo consiguieron porque no sabían que era imposible»*. Y sin duda ese es el secreto de muchos emprendedores que consiguen cosas impensables.

**Tener la mente abierta y una cierta dosis de ingenuidad ayuda a abrir nuevos caminos.**

Hace unos meses me encontré con dos chicos de ocho años que estaban vendiendo petardos de papel en la fiesta de su colegio. Se trataba de una hoja de papel convenientemente doblada que, agarrada por un extremo y lanzada hacia delante sin soltarla, producía un ruido seco y potente similar a un petardo.

Me comentaron que se trataba de una apuesta ecológica, porque el papel era reciclado de la basura de sus respectivas casas. Se habían metido en ese tinglado porque sabían que una fiesta de verano sin petardos no es fiesta, pero que en el cole la pólvora no entraba ni por asomo. Cada artefacto se vendía a veinte céntimos y pretendían colocar un stock de cincuenta unidades, lo cual les daría dinero para pagarse los gastos de la fiesta.

Sea por curiosidad o por deformación profesional, me dediqué a seguirles los pasos desde cierta distancia para ver cómo evolucionaba el asunto.

Tras contarme **su** idea de negocio, se acercaron unos compañeros de su curso para decirles que estaban locos, que cómo pretendían que alguien les comprara semejante tontería; que no venderían ni uno, vaya. Me sorprendió la seguridad con la que, al unísono, contestaron los noveles empresarios: les propusieron montar una porra para ver quién adivinaba la cantidad vendida. Ellos apostaban que sería la totalidad.

Tenían producto, unas ganas locas de vender, y abordaban a su clientela explicando su propuesta de valor y las bondades de un producto construido con material reciclado.

Al cabo de dos horas tenían su producción vendida, y estaban haciendo cola para comprarse unas latas de bebida y un pedazo de pastel. Por suerte para sus colegas agoreros, no hubo porra.

Un proyecto emprendedor es eso: una **idea bien estructurada** que arropa una propuesta de valor dirigida a un **público objetivo,** explicada con un mensaje claro y convincente a través del **canal adecuado**.

Y, por cierto, un proyecto es solo eso, un proyecto. Después viene otro, y otro más. La vida es una suma de proyectos, y si esperamos a encontrar el proyecto de nuestra vida, el que nos saque el estómago de penas para siempre, posiblemente acabemos nuestros días pobres y todavía esperando.

## Una hoja de ruta personal

La vida, afortunadamente, es un trayecto largo, y el éxito final es la suma de muchos éxitos parciales. Y como no sabemos cuándo vamos a llegar a la última parada, debemos saber la dirección y el sentido que estamos tomando. Disfrutaremos del viaje, y saldremos más ricos y más fuertes de cada estación en la que nos detengamos, a sabiendas de que algunos apeaderos nos harán obligarán a subir al tren con las manos vacías.

Gestionar la huella que vamos dejando en cada una de las etapas que vivimos nos ayuda a construir nuestro *storytelling,* y a saber si estamos siguiendo el camino correcto o tenemos que hacer modificaciones en el itinerario.

Conocer el territorio que estamos recorriendo y tener un mapa que lo represente nos ayudará a no perder el rumbo. El territorio somos nosotros y nuestros proyectos en bruto, pensando en grande y teniendo muy presente aquello que nos hace diferentes y únicos. Es el autoconocimiento del que ya hemos hablado, y **sin el cual nuestro viaje está en manos de cualquiera menos en las nuestras.**

Definir el itinerario, saber cómo explicarnos y cómo detallar a los demás el motivo de nuestro viaje, decidir a dónde queremos llegar y dónde queremos que los demás nos sitúen, es nuestra hoja de ruta. Es clave para no acabar en un laberinto de desinformaciones y dudas.

Necesitamos informar a los demás que estamos en camino y que nuestro viaje tiene sentido, porque vamos a ayudarles y a cambiar el mundo. Necesitamos tener visibilidad, como veremos en el siguiente pinto.

Si no comunicamos lo que somos y lo que ofrecemos, no seremos memorables. Es decir, no podrán hablar de nosotros cuando ya no estemos. Aunque lleguemos a destino, si hacemos el viaje escondidos en un vagón de carga, habremos perdido la gran oportunidad de compartir nuestro valor con el mundo. Por eso digo siempre que una marca personal que no es visible, no es marca.

### Si no te ven, no existes

La visibilidad es la parte descubierta del iceberg de la marca personal y, por derecho propio, se sitúa en territorio de frontera.

Todos necesitamos ser visibles y estar bien posicionados, porque en el mundo global en el que nos movemos se hace imprescindible llegar a todos los lugares. Pero eso también tiene peligros como estos:

- Inflar las propias habilidades en los perfiles de las redes sociales.

- Mencionar como clientes y casos de éxito a personas y empresas que no guardan relación con nuestra actividad actual.
- Lanzar opiniones atrevidas e innovadoras leídas por ahí, pero que se presentan como si fueran de cosecha propia.

Este tipo de trampas nos pueden dar una visibilidad solo temporal, ya que nuestra marca se derretirá progresivamente al entrar en contacto con el mundo real, que pone a prueba las habilidades y la influencia reales. Y al final se acaba consiguiendo lo contrario de lo que se perseguía, con un alto costo en esfuerzos y recursos para reorientar la situación.

Ser honestos con lo que somos, mostrando todo lo bueno que sí podemos ofrecer al mundo, es la mejor manera de ganar una visibilidad duradera.

***CLAVES PARA UNA VISIBILIDAD DE CALIDAD EN LA RED***

1. Alimentar nuestras redes con contenidos REGULARMENTE, de modo que nuestros seguidores no tengan la sensación de hallarse ante un perfil muerto y sin dinamismo.
2. En todo caso, NO ABRUMAR con un exceso de contenidos que fatigue a los seguidores, ya que el efecto sería tan negativo como la falta de contenidos.
3. Buscar CONTENIDOS DE CALIDAD que generen marca y seguidores. Si no disponemos del tiempo nosotros mismos, podemos delegar en expertos esta gestión.
4. NO COMPRAR SEGUIDORES como los que ofrecen por paquetes de mil algunas empresas. Eso genera volumen temporal, pero no es audiencia real y útil para nuestro proyecto.

Internet nos ha permitido entrar en contacto con casi cualquier persona que esté conectada de manera fácil y con bajo coste, facilitando el diálogo de persona a persona y, por extensión y de manera general, con toda la comunidad conectada en la red. Internet ha democratizado la comunicación, haciéndola accesible a la comunidad *online* de manera instantánea y casi gratuita. Hasta aquí la cara amable.

La universalización y la inmediatez de la comunicación también tienen su lado antipático, que es la pérdida de privacidad, ya que nosotros y nuestra historia personal estamos expuestos a las miradas ajenas.

Como veremos en el décimo capítulo, Internet puede ayudarnos pero también puede arruinar nuestra carrera.

La buena noticia es que, si gestionamos bien las redes, podemos influir en nuestro nivel de exposición y, por supuesto, en la calidad de la información que circula por la red, sobre todo cuando parte de nosotros.

Debemos abandonar la creencia de que no podemos gestionar nuestras redes sociales por falta de tiempo. Si estamos muy ocupados y no podemos, o si se nos hace muy engorrosa la tarea, siempre podemos contratar a alguien que lo haga por nosotros.

Desconfiemos cuando aparezca alguien diciendo que si algo es realmente importante para nosotros, ya encontraremos el tiempo necesario, sacándolo de otras actividades menos urgentes, y que si no lo hacemos será porque no nos interesa tanto como decimos. Normalmente detrás de esto hay de todo menos empatía.

En mi vida profesional he tenido que viajar a menudo y durante muchos años me ha faltado tiempo para las cosas que para mí eran importantes. Pero no podía actuar de otro modo porque necesitaba mantener mi trabajo. Afortunadamente, en aquella época, las redes sociales eran todavía demasiado incipientes para reclamar dedicación. Haciendo esta mirada retrospectiva, puedo afirmar con rotundidad que me hubiera sentido totalmente incapaz de incorporarlas a mi día a día.

### *EL MODELO QNARY*

Actualmente existen empresas que pueden ayudarnos a gestionar nuestra reputación en las redes sociales, preparando contenidos y artículos que nosotros sólo tenemos que leer, corregir y aprobar.

Una de esas empresas es *Qnary*, con la que colaboro desde su implantación en España. La aportación de Qnary es singular y permite a profesionales y ejecutivos gestionar de manera activa sus redes sociales sin preocuparse por la creación y difusión de contenidos. Para ello tiene un amplio equipo multidisciplinar de redacción capaz de rastrear, cribar y crear contenidos de todo tipo, con temas que van desde la moda hasta las finanzas, pasando por las últimas novedades fiscales o la más reciente interpretación de una obra de teatro.

Dispone de una plataforma propia a través de la cual sigue la presencia de cada cliente en las redes sociales. Está al tanto de las palabras clave que son más adecuadas para que la información circule con la máxima eficacia en la red, y crea campañas específicas para promocionar los artículos.

Para que la simbiosis con el cliente sea posible, Qnary analiza y define con cada cliente cuáles son los pilares sobre los que se sustenta su actividad. Es sobre estos que construye un plan de comunicación en el que se definen los contenidos que se generarán y las redes sociales en las que actuará. Se gestionan sus propias redes sociales de forma individualizada para cada cliente. Semanalmente, el equipo de redacción envía los contenidos programados a través de una app y el cliente los aprueba, completa o, por qué no, los rechaza si no son de su gusto.

De esta manera se hace posible que cada persona pueda disponer de un equipo de redacción que trabaje sus contenidos desde todas las perspectivas posibles.

# 5. *Fracasar, renacer y cambiar*

Cuando analizamos la historia de las grandes marcas personales, vemos que hay momentos en los que los profesionales han llegado a un callejón sin salida, o directamente al fracaso, y se han visto obligados a tomar un rumbo distinto.

Y a menudo es en ese momento, justamente después de ese momento de crisis y cuando parece que todo ha terminado, cuando empieza de verdad carrera y llega de forma natural el éxito.

Pero, antes de pasar a la estrategia, merece la pena que hagamos un alto en el camino para ver qué pasa con nuestra start-up personal cuando las cosas no salen como nosotros esperamos.

## Adelante, digan lo que digan

Las personas con un talento poco común o una propuesta radicalmente distinta se enfrentan en principio a la incomprensión e incluso al rechazo. Cuando eso nos sucede, nuestra actitud personal marca la diferencia entre llegar al objetivo soñado o quedarnos en el lugar al que nos relega la opinión —a menudo no fundamentada— de los que nos rodean.

Veamos algunos casos célebres de personas que recibieron la etiqueta de «fracasados», pero que no abandonaron ni perdieron el ánimo:

- Thomas Edison fue definido por un profesor como «*demasiado estúpido para aprender nada*». Sin duda, quien pronunció estas palabras tenía pocas luces, ya que ese mismo «fracasado» sería el inventor de la bombilla.
- Soichiro Honda fue desestimado por Toyota para trabajar de ingeniero. Al quedarse en el paro, decidió empezar a proyectar sus propias motos, encon-

trando financiación para un negocio que le haría multimillonario.

- Winston Churchill suspendió un curso entero en la escuela, y no brilló en absoluto en los cargos públicos que desempeñó a lo largo de su vida. No fue hasta los 62, cuando ganó las elecciones a Primer Ministro, que pudo mostrar su carisma y personalidad.

- El Coronel Sanders se estrelló contra constantes negativas cuando trataba de comercializar la receta de su pollo. Fue rechazada por un millar de restaurantes, hasta que uno apostó por el que hoy en día es el KFC, los pollos más famosos del mundo.

- Walt Disney fue puesto de patitas en la calle por el director del periódico en el que trabajaba, alegando que «le faltaba imaginación y no tenía buenas ideas». Todo un visionario.

- Marilyn Monroe también vio terminado su primer contrato con Columbia Pictures, ya que los ejecutivos de la compañía decían que «*no era suficientemente bonita ni tenía el talento adecuado para ser actriz*». Visto lo sucedido después, tuvieron que graduarse la vista y el entendimiento.

- Fred Astaire fue calificado así por los jueces en su primera prueba para el cine: «*No sabe actuar. No sabe bailar. Es un poco calvo. Bueno, puede bailar un poco*».
- Steven Spielberg, siguiendo con más casos «de cine», fue rechazado tres veces cuando intentaba estudiar en la University of Southern California. Los mismos evaluadores que no consideraban que sería un alumno brillante pagarían entrada, pocos años después, para poder ver sus películas.
- Sidney Poitier recibió, una década antes, esta dura respuesta por parte de un director de casting, tras presentarse a una prueba: «*Deje de hacer perder el tiempo a todo el mundo y dedíquese a lavar platos o algo así*». El actor afroamericano acabaría ganando un Oscar y levantando un entusiasmo mundial con películas como *Adivina quién viene a cenar* o *Rebelión en las aulas*.
- Dick Cheney hizo dos intentos fallidos de graduarse en Yale. Años después, el presidente George W.

Bush, de quien sería mano derecha, bromeó así: *«Ahora sabemos que si te gradúas en Yale, llegas a ser presidente, y si no te gradúas te toca ser vicepresidente»*.

- J.K. Rowling vivía casi en la indigencia, recibiendo ayudas de la seguridad social para criar sola a su hija, cuando escribió *Harry Potter*. Sería rechazado por doce editores antes convertirse en un bombazo mundial sin precedentes.
- Stephen King, cuatro décadas antes, se sentía tan decepcionado con el resultado de su primera novela, *Carrie*, que la arrojó al cubo de la basura. Afortunadamente, su esposa la recuperó y le ayudó a ponerla en manos de un editor. A día de hoy, su obra ha vendido más de 350 millones de libros.
- Oprah Winfrey, la reina de la televisión norteamericana, tampoco tuvo unos inicios fáciles. Fue despedida de su cadena como reportera y le dijeron que *«no reunía las condiciones para estar en pantalla»*.

Todos estos ejemplos demuestran que el mundo está lleno de «iluminados» que arrojan menos luz que una bombilla de 40 vatios con mariposa incluida. Por suerte, quien tiene claro adónde va no se deja frenar por las opiniones ajenas.

La vida es un largo viaje, y está todo por hacer.

### *CÓMO CONVERTIR EN ÉXITO EL FRACASO*

Fracasar no gusta a nadie y no es ni bonito ni positivo. Que las cosas salgan mal no es ni más ni menos que un auténtico marrón que tenemos que soportar, pero marrón al fin y al cabo.

Una mala lectura de lo que se lleva en Estados Unidos sugiere que en este país, para ser alguien se debe haber fracasado varias veces porque es del fracaso de lo que realmente se aprende. Esta afirmación siempre me ha recordado a la fábula del zorro y las uvas, que cuando no llega a alcanzarlas dice que son verdes. Excepto para los masoquistas, si se puede, es mejor evitar que las cosas salgan mal, y es un enorme placer aprender y sacar conclusiones de lo que se ha hecho bien. Una cosa es aceptar el fracaso y aprender de el y otra la creencia de que sólo triumfa el que ha fracasado.

De todos modos, de las cosas no han funcionado como se esperaba se pueden sacar abundantes y muy buenas conclusiones que, una vez interiorizadas, podemos acabar convirtiendo en conocimiento para que nunca más vuelvan a ocurrir.

Para que los fracasos formen parte de los éxitos futuros, yo siempre recomiendo seguir estos cuatro pasos:

1. **Cámbiale el nombre.** Una vez pasados el enfado y la tristeza por lo que salió mal, haz un esfuerzo y deja de machacarte. ¿Qué pierdes por cambiar la palabra "fracaso" por "experiencia"? Al final se trata de darle al fracaso el mismo trato que a los residuos: hay que reciclarlos. Si convertimos el fracaso en experiencia, estaremos transformando los malos momentos para convertirlos en algo nuevo que nosotros y nuestro entorno agradeceremos. Míralo como un compromiso ecológico contigo mismo.

2. **Aprende.** Si has conseguido cambiarle el nombre y reciclar el fracaso en conocimiento puedes dar otro paso de gigante, que es el de sacar conclusiones de lo que pasó para que nunca más se vuelva a repetir.

3. **Comparte.** No te guardes lo fracasos para ti. No te avergüences de lo que salió mal. Si has conseguido que el reciclaje en conocimiento sea una realidad haz público este conocimiento. Convierte esta mala experiencia en una propuesta de valor porque puedes ayudar a los demás a que no tropiecen con las piedras que frenaron tu avance. Pero no te conviertas en un apolo-

geta del fracaso y no caigas en la tentación de recomendar a los demás que para ser alguien se debe fracasar.

4. **Pivota.** En el lenguaje de las start-up, pivotar significa reenfocar la dirección que se ha tomado cuando nos damos cuenta de que no se están cumpliendo los objetivos esperados. Vuelve a leer tus principios fundamentales, tu misión, visión y valores, y marca otro rumbo. Pero no abandones. Puedes dejar de lado uno o varios proyectos, pero el fracaso no debe apearte de la aventura de vivir una vida intensa y comprometida.

## 10 pasos para cambiar a mejor

¿Quién no ha soñado alguna vez con hacer algo distinto a lo habitual? A veces sentimos que es necesario un cambio de aires para respirar mejor, o bien nos damos cuenta de que nuestro trabajo actual no funciona. También puede suceder, como en alguno de los casos anteriores, que nos veamos obligados a cambiar de empresa, de profesión o de enfoque vital.

**Sea como sea, tenemos que partir de este principio:** Si quieres cambiar tiene que ser a algo mejor, que te llene más y que te dé ingresos suficientes.

En ocasiones, cuando nos ponemos a pensar en nosotros y en lo que nos interesa o en qué nos gustaría hacer, llegamos a la conclusión de que no lo sabemos. O lo sabemos perfectamente, pero al pensar sobre nuestro futuro, nos asustamos ante las consecuencias del cambio y preferimos no hacer nada.

Todo cambio implica riesgos, sí, pero al otro lado de nuestra zona de confort se encuentra la verdadera recompensa.

En cualquier caso, si sentimos el «run run» interior que nos pide un cambio, hay que ponerse manos a la obra sin dilación. No sea que dejemos pasar el tren que nos lleva a nuestro destino.

Así que, sin perder tiempo, pasemos a la acción aplicando estos pasos:

1. **No invirtamos mucho tiempo analizando las causas.** Sea por curiosidad de intentar cosas nuevas, porque no nos encontramos a gusto con lo que ha-

cemos o porque el día a día se nos ha comido la ilusión, si sentimos que nos irá bien un cambio, debemos escuchar el mensaje.

Así como muchas oportunidades de negocio mueren prematuramente por exceso de análisis, nuestro plan de cambio puede ahogarse por exceso de reflexión de sus causas.

2. **Aprovechemos la oportunidad para soñar.** Pensemos en lo que nos haría felices, por dónde nos imaginamos que deberían ir las cosas, y convirtamos un sueño, o una pasión en un proyecto. No nos cortemos las alas.
3. **No olvidemos nuestra experiencia.** Planear un cambio no significa romper con nuestro pasado y repudiar la experiencia adquirida. Partamos de nuestras capacidades, nuestros talentos y nuestras competencias ya que, usados como palancas, nos ayudarán a idear el recorrido de manera más sencilla. Tracemos puentes con nuestro pasado en lugar de cavar fosas.
4. **Centrémonos en nuestro foco.** Es el momento de revisar nuestros principios fundamentales, misión,

visión y valores. Que la ilusión no nos haga cometer el error de ir por una vía muerta.

5. **Definamos nuestro modelo de negocio.** Para entender lo que nos proponemos de manera clara y para poder difundirlo, lo mejor es dibujar nuestro modelo de negocio (el famoso lienzo que abordaremos en el próximo capítulo). Con él en la mano, podremos explicarlo a quien sea y nos ahorraremos pruebas innecesarias.
6. **Empecemos desde mínimos.** No queramos prepararnos para salir cuando todo esté atado y bien atado, porque nos quedaremos en el camino por aburrimiento, rutina o por cualquier otro motivo. Dejemos las cosas listas para poder funcionar con muy poco.
7. **Preparemos nuestra comunicación.** Hagamos lo que hagamos en el presente, y estemos donde estemos, podemos adentrarnos de manera sutil pero segura en nuestro nuevo mundo sin que afecte a nuestra actividad actual.
8. **Seamos fieles a nuestro actual trabajo.** Estamos explorando, no lo olvidemos, y no podemos dejar

de lado aún nuestra ocupación actual. No desconectemos si no ha llegado el momento. La gran ventaja de actuar a tiempo es que tenemos el control de la situación y, por lo tanto, no tiene sentido que nos asalten ni el pánico ni las prisas.

Nuestra empresa actual no merece ninguna desconsideración y, sobre todo, no caigamos en el error de morder la mano que todavía nos alimenta.

9. **Tengamos en cuenta las consecuencias.** Cualquier decisión que tomemos no puede estar en función estrictamente de nosotros, tenemos un entorno que nos necesita, nos quiere y nos apoya. Pensemos si lo que vamos a dejar por el camino compensa y si no es así digámonos simplemente no.
10. **Hagamos una buena salida** cuando se produzca la desconexión. Como lo tendremos todo o casi todo previsto, sólo nos quedará ejecutar el plan y gestionar las excepciones.

Planificar nuestro futuro es dibujar la huella que queremos seguir dejando y se trata de un ejercicio básico de marca personal.

~~~~~~~~~~~~~~~~~~~~~~~~~~~~~~~~~~~~~~~

## CASO 6:

## Cambio de paradigma

Hay personas que sienten que ya no se encuentran a gusto con lo que hacen, que saben que necesitan un cambio, pero no conocen todavía cuál es el camino que tienen que escoger. Son personas que se encuentran insatisfechas pero que todavía no tienen una alternativa a su alcance.

En esos casos, lo que hago es quitarme el sombrero del personal branding en su sentido más estricto, y ponerme el de coach. Desde esa posición más intimista y amable ayudo a las personas a encontrar lo que hay en ellas, y descubrir cuál puede ser esa start-up personal que las hará felices y exitosas.

A veces te puedes encontrar a alguien que se ha dedicado, por ejemplo, al campo económico toda su vida, y que lo que realmente le motiva y se le da bien es ayudar a las personas. Ese fue mi caso, y yo tampoco estaba satisfecho con lo que hacía. Y aunque al principio me sentí mal por pensarlo, al final
~~~~~~~~~~~~~~~~~~~~~~~~~~~~~~~~~~~~~~~

me di cuenta de que el cambio era lícito y necesario. Entonces recordé que de pequeño se me daba bien escribir, y que me gustaba tratar con la gente.

En mi trabajo, lo que me ayuda a saber qué necesitan exactamente los clientes potenciales que vienen a verme son las herramientas que permiten a que estas personas se descubran a sí mismas y analizar su situación actual. Son herramientas que estudian el pasado, buscan los deseos de futuro e incluso la influencia de las creencias heredadas o el peso que tiene sobre el comportamiento cada hemisferio cerebral.

Una vez vino a verme una chica joven que se encontraba en esa situación de bloqueo. Había estudiado un grado medio en empresariales y se había dedicado a hacer trabajos administrativos, pero no sabía qué hacer. Porque eso no la llenaba en absoluto.

Tras unas breves sesiones, se dio cuenta de que siempre le había gustado escribir pero era algo que había escondido. Lo que quería hacer realmente era ser periodista y dar un vuelco a su vida profesional, y trabajamos para averiguar cómo podía conseguirlo.

Cuando nos despedimos, estaba matriculada para estudiar periodismo en una universidad. Ahí lo dejamos, porque era lo único que necesitaba aquella clienta en aquel momento de su vida. Quién sabe, quizás algún día vuelva a verla porque siendo ya periodista, quiera reforzar su marca personal.

~~~~~~~~~~~~~~~~~~~~~~~~~~~~~~~~~~~~~

**El asombroso caso de Lou Holtz**

Aunque se realiza más comúnmente al terminar el año o al final de las vacaciones de verano, redactar una lista de medidas o propósitos siempre ha sido un poderoso instrumento del cambio.

Como dice la escritora Silvia Adela Kohan, hay algo mágico en cada palabra que plasmamos. Cuando tomamos nota de un sueño o un deseo, este empieza a tomar forma y busca caminos para materializarse en tu realidad.

Si examinamos el *storytelling* de artistas, inventores o personas de negocios, veremos que están llenos de una magia que ha empezado con una lista. Un inversor norteamericano decía
~~~~~~~~~~~~~~~~~~~~~~~~~~~~~~~~~~~~~

al respecto: «*No creo en ningún proyecto que no pueda escribirse en el reverso de una tarjeta de visita*».

Nuestras ideas circulan por la mente a mayor velocidad que la mano —o manos— que usamos para plasmarlos. Esto nos obliga a depurar nuestros propósitos para dejar en el papel, o en el archivo de Word, los que realmente son útiles y significativos.

En su libro *El poder mágico de la escritura*, Silvia Adela Kohan pone como ejemplo a Lou Holtz, quien a mediados de la década de los 60 se encontraba en una situación crítica: «*Si te aburre la vida, si no te levantas cada mañana con el ardiente deseo de hacer algo, es que no tienes suficientes objetivos*», concluía Holtz.

A sus 28 años, acababa de perder su empleo, estaba sin blanca y su esposa estaba embarazada de 8 meses. Entonces, como un gesto de rebelión personal, decidió sentarse a la mesa del comedor para redactar una lista con sus deseos más alocados.

En una entrevista con Brian McCormick para Leader-Network, lo relataba así: «*Mi mujer volvió a su trabajo como técnica de rayos X y yo me convertí en el papá-que-está-en-casa.*

*Y fue en aquel tiempo, sintiéndome deprimido, cuando ella me compró aquel libro en que hablaban sobre los objetivos. E hice cinco categorías: cosas que quieres hacer como marido y padre, cosas que quieres hacer religiosamente, cosas que quieres conseguir financieramente, cosas que quieres hacer profesionalmente y, por último, cosas que quieres hacer a nivel personal (como saltar de un avión, ir en un submarino, estar en un Tonight Show, hacer magia, ir a cenar a la Casa Blanca o visitar al Papa). Mi mujer sugirió añadir 'conseguir un empleo', y ese fue el objetivo 108.»*

Después de redactar una lista que parecía a un catálogo de locuras, Lou Holtz se embarcó en la siguiente fase: *«Una vez has escrito todo lo que quieres conseguir en la vida, asegúrate de que cada día haces algo concreto para cumplir al menos uno de esos sueños.»*

Asombrosamente, llegó a cumplir deseos «casi imposibles» como cenar en la Casa Blanca, conocer al Papa o entrenar a su equipo favorito de fútbol americano, junto con noventa propósitos más de aquella lista.

### *EL MÉTODO HOLTZ PARA CUMPLIR PROPÓSITOS*

Este incurable optimista norteamericano definió en seis pasos su método para lograr «objetivos casi imposibles»:

1. Decide lo que quieres lograr y cuándo quieres lograrlo.
2. Averigua qué necesitas aprender para conseguirlo.
3. Medita con quién necesitas trabajar para llegar a ello.
4. Plantéate cuáles son los obstáculos que te encontrarás.
5. Ten una estrategia.
6. Explícale a los demás por qué saldrán ganando si se asocian contigo.

Por último, Lou Holtz completa su método con estas tres reglas:

- Haz lo correcto, con el objetivo correcto para empezar.
- Hazlo lo mejor que puedas, con el esfuerzo adecuado.
- Muéstrales a los demás que te importan, pues no se consigue nada importante sin la ayuda de otros.

## ¿Qué es importante ahora?

Para terminar con este caso tan «americano», me llama la atención que este cumplidor de sueños regía su plan de actuación por el lema WIN, que además de «ganar», en inglés es el acrónimo de *«What's Important Now». Es decir*: qué es importante ahora.

Como diría un maestro Zen, lo importante es lo que sucede Aquí y Ahora. Por lo tanto, la hoja de ruta para cambiar y renacer sería, según Holtz, *«Evalúa el pasado y enfócate en el futuro, que te dirá lo que tienes que hacer en el presente para conseguirlo. No compliques la vida».*

# 6. Éxito, propósito y suerte

¿Quién no quiere tener éxito en la vida? Preguntemos a nuestro alrededor y veremos que muy pocos responden que, para ellos, el triunfo no es relevante. Tener éxito es el motor que impulsa la existencia de las personas y, al mismo tiempo, las sume en la incertidumbre por saber cuándo llegará.

La cultura del éxito nos empuja a tener resultados de manera rápida, cuando no inmediata, y mientras no llegan podemos sentirnos embargados por la sensación de que perdemos el tiempo y avanzamos en un tortuoso camino hacia ninguna parte.

Antes de nada, sin embargo, deberíamos hacernos esta

pregunta: ¿qué es el éxito? Si viéramos nuestra vida como un largo trayecto, el final del mismo sería haber alcanzado los objetivos que cada cual se ha fijado y tener un lugar en el corazón de los que nos rodean.

Sentirse bien en la propia piel, ser conocido, reconocido, relevante y elegido son los pilares que, salvo algunas excepciones, sustentan una vida de éxito.

Pero ¿es el triunfo cuestión de suerte, o depende de las actitudes personales? Antes de ejecutar nuestro plan de acción, vamos a abordar esta cuestión.

## La ilusión del caminante

A nadie le amarga un dulce, pero sucede a menudo que no tenemos una idea clara de lo que es el éxito. Por regla general, lo identificamos con alcanzar las metas que nos hemos fijado. Pero, muchas veces, sucede que cuando lo alcanzamos gracias a trabajar muy duro, tenemos la sensación de que nos hemos quedado cortos y nos sentimos insatisfechos.

Es lo que se llama **la ilusión del caminante**. Tan pronto como hemos alcanzado un objetivo, ya nos sabe a poco y necesitamos proyectarnos hacia la meta siguiente.

Alfred Sauvy, un demógrafo francés que vivió entre 1898 y 1990, describió este fenómeno de la siguiente manera: Cuando se pregunta a una persona «¿qué aumento de tus ingresos te permitiría satisfacer tus necesidades?», la respuesta general es que aproximadamente un tercio. Al repetir la pregunta diez años más tarde, a las personas que consiguieron ese aumento de sus ingresos, la respuesta continuó siendo la misma. Un tercio más de los ingresos.

¿Significa eso que somos insaciables? ¿Cómo podemos ser felices si siempre necesitamos más?

Quizás el verdadero éxito, aquel que nos deja satisfechos y que se graba en nuestro corazón y nos marca, no está relacionado con metas materiales sino con el hecho de llevar una vida plena.

## La piedra filosofal del propósito

Mark Twain dijo en una ocasión que «*los dos días mas importantes de nuestra vida son el día en que nacemos y el día en que descubrimos para qué.*»

El propósito es el que nos da el ímpetu para encontrar

el verdadero camino del éxito: cuando las metas estén alineadas con nuestro propósito, alcanzarlas será todo un triunfo. En palabras de George Bernard Shaw, *«esta es la verdadera alegría de la vida, ser utilizado para un designio que uno mismo reconoce como algo poderoso»*.

Encontrar el porqué de nuestra vida no siempre es una tarea fácil ni evidente. Pero es un camino que tiene sentido, porque la propia búsqueda es enriquecedora y, al final, nos llevará a tener una vida plena.

Buscar el propósito significa tener los ojos y los oídos bien abiertos a los mensajes que vamos recibiendo de nuestro interior. Necesitamos tener el resto de sentidos bien activados para que ninguna señal pueda pasar desapercibida.

La búsqueda del propósito, sin embargo, nos exige ser valientes para no cerrar ninguna puerta. El mayor enemigo del verdadero éxito, es resistirnos a salir de nuestra zona de confort para permitir que nuestra vida cambie.

La coherencia de nuestros actos con nuestro propósito es lo que da forma a una vida de éxito. Tal como decía Mahatma Gandhi: *«La felicidad se alcanza cuando lo que uno* piensa, *lo que uno* dice *y lo que uno* hace *están en armonía.*»

~~~~~~~~~~~~~~~~~~~~~~~~~~~~~~~~~~~~~~~~

## CASO 7:
## Del cálculo a la creatividad

Otro caso que recuerdo muy bien es el de una clienta que realizó una completa transformación profesional. Pasó de un departamento técnico de una empresa a crear um método para la enseñanza y desarrollo de las capacidades para niños y adultos, y fue un cambio a muchos niveles el que tuvo que afrontar.

Se trataba de una mujer formada en el ámbito de las ciencias que tenía una enorme facilidad para la resolución de operaciones complejas y desarrollo de algoritmos de cálculo. La vida la llevó a pasar por los departamentos técnicos de diversas entidades financieras analizando mercados y creando productos complejos y todo parecía irle bien.

Se trataba de una mujer formada en el ámbito empresarial, con una licenciatura en economía y un
~~~~~~~~~~~~~~~~~~~~~~~~~~~~~~~~~~~~~~~~

master de finanzas. Había sido responsable de control de gestión y directora de contabilidad en grandes compañías, y todo parecía irle bien.

Sin embargo, y pese al éxito, un día se dio cuenta de que todo aquello no le daba sentido a su vida y necesitaba encontrar objetivos nuevos.

Tras hacer un análisis de lo que la diferenciaba del resto de las personas vió que tenía una manera de enfocar los problemas y el aprendizajes que era propio y singular y decidió convertirlo en su nueva dedicación profesional.

Escribió su método para limar todas las asperezar y hacerlo más asimilable para todo tipo de personas, elaboró su modelo de negocio y abrió su propio centro de formación.

Ahora es feliz ayudando a niños y adultos a desarrollar sus capacidades y reenfocar su aprendizaje mientras asiste como experta a congresos internacionales.

~~~~~~~~~~~~~~~~~~~~~~~~~~~~~~~~~~~
~~~~~~~~~~~~~~~~~~~~~~~~~~~~~~~~~~~

### 9 claves para el éxito...

En un número de invierno de la *Harvard Business Review On Point,* me llamó la atención un artículo de Heidi Grant Halvorson, una gran psicóloga motivacional, que en su artículo *Secrets to Getting Ahead* explicaba nueve buenas prácticas que nos pondrán en el camino del éxito. Son las que siguen a continuación:

**1. Tener objetivos específicos y claros.** Parece obvio pero no siempre es así. Es mejor querer perder cinco kilos que simplemente querer perder peso. No dejemos lugar para la duda.

**2. Poner fechas a nuestros propósitos.** Acotando los objetivos en el tiempo crearemos una actitud mental que nos ayudará a detectar oportunidades para llevarlos a término.

**3. Buscar indicadores.** Conseguir las metas implica seguir de manera regular y honesta los avances realizados. El *timing* depende de cada objetivo.

**4. Ser un optimista realista.** Esto significa no desdeñar las dificultades porque muchos objetivos requieren tiempo, planificación, esfuerzo y persistencia, y vale la pena saberlo de antemano para no pegarnos la gran torta.

**5. Centrarse en mejorar, más que en ser bueno.** La cosa va de actitud, y siempre podemos cambiar mientras intentamos conseguir nuestras metas. En este caso no se trata de cantidad, sino de calidad personal.

**6. Tener valor.** Debemos tener la predisposición a comprometernos a largo plazo y persistir en el intento cuando las dificultades acechan. El valor no es innato, como muchas personas creen. Puede educarse y, lo dicho en los puntos anteriores, forma parte del entrenamiento.

**7. Activar el músculo de la fuerza de voluntad.** Esto a menudo implica salir de la zona de confort, de lo fácil y amigable, porque *"para conseguir cosas distintas tenemos que actuar de manera diferente"*, como decía Albert Einstein. La primera vez es más difícil, pero con el tiempo el músculo se activa y todo resulta más sencillo.

**8. No tentar a la suerte.** Pensemos en grande, pero tengamos en cuenta que no somos omnipotentes. Aunque tengamos una fuerza de voluntad muy musculada, podemos vaciarnos sin razón aparente.

**9. Fijar objetivos en positivo.** O, lo que es lo mismo, centrémonos en lo que queremos hacer más que en lo que queremos conseguir.

### ...y 6 secretos para hacer realidad tus propósitos

Hay un manga de Daniel H. Pink, *Las Aventuras de Johnny Bunko,* que he releído varias veces y que he regalado a amigos y clientes que, por algún motivo oscuro, estaban preocupados por su futuro profesional.

El tal Johnny Bunko es un tipo aparentemente normal, un joven que siempre ha seguido el camino marcado por los consejos de sus mayores, tutores, asesores y similares, para acabar realizando un trabajo aburrido y rutinario que le deja insatisfecho, y que le hace preguntarse *qué hace un chico cómo él en un sitio cómo ese.*

En estas que se le aparece una especie de hada madrina llamada Diana, que parece una coach de *personal branding.* Entonces, la fantástica criatura le pone patas arriba sus principios, y le revela seis secretos para salir del estancamiento y empezar a cumplir sus propósitos:

1. El *primer secreto* es que NO HAY UN PLAN. Más que ceñirte de manera férrea a una programación del futuro, debes empezar por escucharte a ti mismo y hacer aquellas cosas que realmente te

gustan. Eso te permitirá hacer un trabajo valioso aunque se aparte del guión familiar y social.

2. El *segundo secreto* es CONCENTRARTE EN TUS TALENTOS, NO EN TUS DEBILIDADES. Los triunfadores no intentan mejorar en aquello para lo que no sirven, sino que buscan aprovechar aquello en lo que son mejores. Preguntas del tipo: *¿Qué hago bien de verdad?, ¿qué me da energía en lugar de quitármela?* o *¿qué clase de actividades me permiten "fluir"?* son clave para descubrir los propios talentos. Nuestro Elemento, como diría Ken Robinson.

3. El *tercer secreto* es que NO SE TRATA DE TI. Estamos en el mundo para servir a los demás, y *«los que triunfan ayudan a sus clientes a resolver sus problemas.* Les brindan algo *que ni saben que necesitaban.* Ahí es donde depositan *su talento y energía.* En cualquier trabajo, la gente valiosa consigue lo mejor de los demás. *Hacen que su jefe brille y que el equipo triunfe».*

4. El *cuarto secreto* es que LA PERSISTENCIA AVIVA EL TALENTO. El mundo está lleno de perso-

nas con talento que no han persistido, que no han invertido las horas necesarias, que se han rendido rápidamente o que pensaron que con tener talento bastaba, mientras otros con menos talento les pasaban por encima.

5. El *quinto secreto* consiste en COMETER ERRORES EXCELENTES. Las personas que triunfan cometen errores espectaculares y grandes meteduras de pata, porque quieren hacer algo grande. Pero cada vez que se equivocan aprenden, y dan un paso más hacia la excelencia. Pensar en grande, equivocarse, aprender y triunfar. En ese orden.

6. El *sexto y último secreto* es DEJAR HUELLA. Las personas que realmente triunfan sirven a algo más grande que ellos, tienen un propósito y dejan sus empresas, comunidades y familias mejor de lo que las encontraron.

### *VISUALIZA TU FUNERAL*

Un buen ejercicio para saber si estamos en el camino correcto para cumplir nuestros propósitos es imaginar el momento de tu funeral. A partir de ahí hazte estas tres preguntas:

1. ¿Por qué hechos y actitudes seré recordado?
2. ¿He hecho algo importante para alguien?
3. ¿He marcado la diferencia? ¿Dejaré el mundo como un lugar mejor?

**La suerte está de tu lado, si la cultivas**

Achacar a la suerte los acontecimientos positivos y negativos de la vida es el pretexto de los fracasados, como decía Neruda, porque *el éxito y el fracaso son el producto de las acciones que cada cual decide poner en práctica, no del azar o de la casualidad.*

En los años que llevo asesorando y ayudando a mis clientes a desarrollar su marca personal, he tenido la oportunidad de ver situaciones de éxito y de fracaso en todo tipo de proyectos.

Muchas veces me pregunto qué es lo que lleva a algunas personas a lograr poner en marcha sus sueños mientras que otras, cargadas de buena voluntad, se quedan por el camino. Aunque éxito y fracaso son términos relativos, porque dependen de la interpretación individual, he encontrado algunas características que reúnen casi todos los triunfadores:

1. **Las personas que triunfan tienen clara la visión que utilizan para tomar decisiones tanto corrientes como estratégicas.** *Primero lo primero,* parafraseando a Stephen Covey.
2. **Se fijan objetivos a corto y largo plazo, y no van a salto de mata.** Séneca dijo que *"si un hombre no sabe a qué puerto navega, ningún viento le es favorable".*
3. **Utilizan los conocimientos que poseen para ponerlos al servicio de sus objetivos**. Y hacen serios esfuerzos para mantenerse al día, pero sin obsesionarse por sus carencias.
4. **Están enfocados a la acción y evitan las situaciones de parálisis por análisis.** En caso de duda, actúan valorando los riesgos en que incurren y

aprenden de los resultados. Hacen suya la frase de Hernan Cortés de que *"en circunstancias especiales el hecho debe ser más rápido que el pensamiento"*.

5. **Les motiva tomar decisiones.** Así que las toman, pase lo que pase.
6. **Dejan rastro de las cosas que hacen.** Y convierten sus acciones en procesos documentados que se pueden repetir y mejorar.
7. **No les da miedo ir a contracorriente y moverse en entornos poco amigables.** Saben que, como decía Winston Churchill, *"la cometa se eleva más alto en contra del viento, no a su favor"*.
8. **Elaboran indicadores para valorar su desempeño.** Y los siguen de manera sistemática para corregir el rumbo si es necesario.
9. **Controlan su tesorería.** También su caja, gestionan sus recursos, viven de acuerdo con sus posibilidades y reinvierten los excedentes.
10. **Son perseverantes.** No abandonan cuando las cosas se tuercen, pero tienen la humildad de retirarse cuando ven que sus acciones se apartan de su visión.

> ***EJERCICIO: Haz como los que triunfan***
>
> 1. Busca tres ejemplos de personas que consideres que han triunfado en la vida o en los negocios.
> 2. Observa qué rasgos tienen en común, y si algunos coinciden con los diez que he detallado.
> 3. Una vez hecho esto, centra la mirada en tu vida y en tu modo de actuar para ver si es posible desarrollarlos.

### ¿Qué es la buena suerte?

En su popular libro *La buena suerte,* Álex Rovira y Fernando Trías de Bes explicaban este concepto a través del cuento sobre la búsqueda de un trébol de cuatro hojas único, que proporciona al que lo posee un poder también único: la suerte sin límites en todos los ámbitos.

A la hora de fijar las leyes de *La buena Suerte,* los autores la diferenciaban de la *suerte* a secas a través de estas reglas:

1. La suerte no dura demasiado tiempo, porque no depende de ti. La Buena Suerte la crea uno mis-

mo, y por eso dura siempre.

2. Muchos son los que quieren tener Buena Suerte, pero pocos los que deciden ir a por ella.
3. Si ahora no tienes Buena Suerte, tal vez sea porque las circunstancias son las de siempre. Para que la Buena Suerte llegue, es conveniente crear nuevas circunstancias.
4. Preparar las circunstancias no significa buscar sólo el propio beneficio. Crear circunstancias para que otros también ganen atrae a la Buena Suerte.
5. Si «dejas para mañana» la preparación de las circunstancias, la Buena Suerte quizá nunca llegue. Crear situaciones apropiadas requiere dar un primer paso... ¡Dalo hoy!
6. Aún bajo circunstancias aparentemente idílicas, a veces la buena suerte no llega. ¡Busca en los pequeños detalles circunstancias aparentemente innecesarias pero imprescindibles!
7. A los que sólo creen en el azar, crear circunstancias les resulta absurdo. A los que se dedican a crear circunstancias, el azar no les preocupa.
8. Nadie puede vender suerte. La Buena Suerte no se

vende. Desconfía de los vendedores de suerte.

9. Cuando ya hayas creado todas las circunstancias, ten paciencia y no abandones. Para que la Buena Suerte llegue, confía.
10. Crear Buena Suerte es preparar las circunstancias a la oportunidad. Pero la oportunidad no es cuestión de suerte o azar: ¡esta ahí siempre!

## *TÚ ERES EL RESULTADO DE TI MISMO*

Pablo Neruda resumió en un poema un auténtico manual de autoconocimiento. Este nos ayudará a tomar las riendas sobre nuestro destino, en lugar de dejarlo en manos del cambiante azar o de los demás, lo cual es igualmente azaroso.

*No culpes a nadie, nunca te quejes de nada ni de nadie*
*porque fundamentalmente Tú has hecho tu vida.*

*Acepta la responsabilidad de edificarte a ti mismo*
*y el valor de acusarte en el fracaso*
*para volver a empezar, corrigiéndote.*

*El triunfo del verdadero hombre surge de las cenizas del error.*
*Nunca te quejes del ambiente o de los que te rodean,*
*hay quienes en tu mismo ambiente supieron vencer, las*

*circunstancias son buenas o malas*
*según la voluntad o la fortaleza de tu corazón.*

*No te quejes de tu pobreza, de tu soledad o de tu suerte,*
*enfrenta con valor y acepta que de una u otra manera*
*son el resultado de tus actos y la prueba que has de ganar.*

*No te amargues con tu propio fracaso ni se lo cargues a otro,*
*acéptate ahora o seguirás justificándote como un niño.*
*Recuerda que cualquier momento es bueno para comenzar*
*y que ninguno es tan terrible para claudicar.*

*Deja ya de engañarte, eres la causa de ti mismo, de tu necesidad, de tu fracaso.*

*Si tú has sido el ignorante, el irresponsable,*
*Tú únicamente Tú, nadie pudo haberlo sido por ti.*

*No olvides que la causa de tu presente es tu pasado, como la causa de tu futuro es tu presente.*

*Aprende de los fuertes, de los audaces,*
*imita a los valientes, a los enérgicos, a los vencedores,*
*a quienes no aceptan situaciones, a quienes vencieron a pesar de todo.*

*Piensa menos en tus problemas y más en tu trabajo*
*y tus problemas, sin alimento, morirán.*

*Aprende a nacer del dolor*
*y a ser más grande que el más grande de los obstáculos.*
*Mírate en el espejo de ti mismo.*

*Comienza a ser sincero contigo reconociéndote por tu valor, por tu voluntad*
*y por tu debilidad para justificarte.*

*Recuerda que dentro de ti hay una fuerza que todo puede hacerlo,*
*reconociéndote a ti mismo, más libre y fuerte,*
*y dejarás de ser un títere de las circunstancias.*

*Porque Tú mismo eres el destino*
*y nadie puede sustituirte en la construcción de tu destino.*

*Levántate y mira por las montañas y respira la luz del amanecer.*
*Tú eres parte de la fuerza de la vida.*
*Nunca pienses en la suerte, porque la suerte es el pretexto de los fracasados.*

# 7. *Tu modelo de negocio*

No hay que confundir un plan de negocio, en el que se ponen los números sobre la mesa para saber cómo vamos a sacar rentabilidad de un proyecto y a qué plazo, con lo que llamamos «modelo de negocio».

Esta es una herramienta que nos permite desarrollar una idea, entender cómo va operar nuestra empresa y con qué recursos contará.

El modelo de negocio puede ser aplicado tanto en empresas como en la carrera de un autónomo —tanto si es taxista como diseñador gráfico—, y en proyectos personales, porque todo el mundo necesita un programa para poder crecer profesionalmente.

~~~~~~~~~~~~~~~~~~~~~~~~~~~~~~~~~~~~

## CASO 8:
## Mirar desde la distancia para situarse

Yo fui cliente de un despacho en el que trabajaba una abogada que, por felices circunstancias, vino a trabajar con mi empresa. De hecho fue la que me ayudó a cerrar la venta de mi empresa a otro grupo, y quien estuvo hasta altas horas de la madrugada en el despacho gestionando documentos y negociando entre las partes.

Fue una persona que quedó marcada en mi memoria, porque me habían impresionado su capacidad de trabajo y su dedicación absoluta.

Una vez cerré aquel capítulo de mi vida y me establecí como coach, vino a verme un día. Quería buscar trabajo, y necesitaba saber cómo tenía que hacerlo y cómo crear su marca personal. Tenía un master y todo le iba bien, pero en aquel momento
~~~~~~~~~~~~~~~~~~~~~~~~~~~~~~~~~~~~

se sentía inesperadamente mal.

Trabajando sobre su situación, descubrimos que le gustaba escribir. Así que le propuse hacer una novela. Ella aceptó el reto, y tras encontrar un novio en Menorca, se fue allí a escribir. Al final consiguió acabar el libro, lo llevó a una importante agencia literaria y fue publicado por una editorial de mucho peso a nivel estatal.

Aquella catarsis fue necesaria para ella, porque la ayudó a darse cuenta de lo que quería de verdad en su vida. Deseaba triunfar, y recobrar también su trabajo en el campo del derecho. Trabajamos juntos unos cuantos meses más, y la seguridad que había adquirido hizo el resto.

~~~~~~~~~~~~~~~~~~~~~~~~~~~~~~~~~~~~

Actualmente todas las empresas o profesionales necesitan disponer de un modelo de negocio, para poder explicar su proyecto y hacerlo viable.

¿Y qué significa viable? Tal como aseguraban Timothy Clark y Alexander Osterwalder: *"Casi todas las empresas*
~~~~~~~~~~~~~~~~~~~~~~~~~~~~~~~~~~~~

*(gobiernos incluidos) que operan en el entorno económico actual se enfrentan a una cruda realidad: cuando se acaba el dinero, se acabó el juego. Cada empresa tiene un objetivo diferente, pero todas deben regirse por la lógica de obtención de ganancias para sobrevivir y crecer. Todas necesitan un modelo de negocio viable. La definición de viable es sencilla: debe entrar más dinero del que sale o, como mínimo, entrar tanto dinero como sale."*

Así que, a continuación, veremos cuáles son los componentes del modelo de negocio que nos servirán para identificar nuestras propuestas de valor y los clientes.

### ¿En qué consiste tu propuesta de valor?

Como hemos visto en la primera parte del libro, la propuesta de valor es aquello que hacemos para ayudar o ser útiles a los demás.

Estos nueve puntos del modelo que analizaremos a continuación, están orientados a clarificar cómo ayudar a los clientes para que puedan cubrir sus necesidades y a hacer viable su propósito.

En el caso de alguien que quiera escribir y ganarse la vida con ello, por ejemplo, se podría plantear las siguientes preguntas:

1. ¿Qué van a aportar mis escritos que sea nuevo?
2. ¿Sembrarán esperanza o alegría?
3. ¿Lograrán al menos que el lector pase un buen rato?
4. ¿Enseñarán sobre algún tema?
5. ¿Cuál es la finalidad concreta de mi obra?

El público busca siempre un valor excepcional, por lo que es importante que podamos concretar qué es lo que hace única y diferente nuestra propuesta.

**¿Cuál es tu público?**

El público es la razón por la cual se monta un negocio o proyecto. Sin él, no es posible su existencia. Así que hay que tener muy claro cuál es nuestro *target*, utilizando la nomenclatura actual, ya que creer que se puede abarcar a todo tipo de personas es una gran equivocación.

Como en la fábula del cazador, si apuntamos a dos patos a la vez es muy posible que no cacemos ninguno.

Actualmente, la tecnología nos permite un diálogo de persona a persona para hablar directamente con cada uno de los clientes a los que queremos llegar.

**Determinar el *target*: ¿Quién es nuestra audiencia?**

| | |
|---|---|
| **¿Qué ven?** | ¿Qué aspecto tienen?<br>¿Cuál es su entorno?<br>¿Con quién se relaciona?<br>¿A qué tipos de oferta están expuestos?<br>¿A qué problemas se enfrenta? |
| **¿Qué oyen?** | ¿Cuál es su reputación?<br>¿Quién les influye?<br>¿Qué canales les influyen? |
| **¿Qué piensan y sienten?** | ¿Qué es lo más importante para ellos?<br>¿Qué les motiva?<br>¿Qué le conmueve?<br>¿Qué les quita el sueño?<br>¿Cuáles con sus aspiraciones? |
| **¿Qué dicen y hacen?** | ¿Cuál es su actitud?<br>¿Qué cuentan a su entorno?<br>¿Es congruente con lo que piensan y dicen? |
| **¿Qué esfuer-zos hacen?** | ¿Qué les va mal?<br>¿Qué obstáculos les impiden avanzar?<br>¿Qué riesgos temen asumir? |
| **¿Qué resulta-dos obtienen?** | ¿Cuáles son sus metas reales?<br>¿Qué indicadores utilizan?<br>¿Qué hacen para alcanzar sus metas? |

Este es un aspecto que trabajaremos a fondo en los capítulos nueve y diez, pero hay tres aspectos que debemos tener muy claros:

- Cada cliente requiere una relación diferente y personalizada.
- Unos pagan y otros no.
- Los beneficios obtenidos varían según el cliente.

**¿Cómo puedes entrar en contacto con tu público?**

En el pasado era común que los vendedores ofrecieran los productos «a puerta fría» o por teléfono, una vía que genera mucha hostilidad porque sentimos invadida nuestra intimidad. Hoy en día los canales más comunes para ofrecer nuestros servicios son internet y las redes sociales, a través de presentaciones o bien con la ayuda de medios clásicos como el periódico, la radio o la televisión.

Todos estos canales de comunicación tienen como función:

- Darnos a conocer.
- Ofrecer nuestra propuesta de valor.
- Ayudar a evaluar el producto ofrecido.
- Posibilitar su venta.
- Asegurar la satisfacción del cliente una vez ven-

dido el producto.

En un plan de negocio, es muy importante saber cuáles serán nuestros canales de comunicación con los clientes, ya que a menudo tendremos que invertir en ellos.

Por ejemplo, muchos negocios basados en los contenidos —autores, conferenciantes, talleres— empiezan con una inversión publicitaria en las redes para darse a conocer.

Lo que antiguamente era un pequeño anuncio en la prensa, hoy puede ser un post promocionado en Facebook con un coste de 5 euros por día.

**¿Cómo te relacionarás con tus clientes?**

Retomando el ejemplo del escritor que intenta hacerse camino, su relación con el lector puede ser a través de dos grandes canales de comunicación: *offline* y *online*, que exploraremos en la parte final de este libro.

La comunicación offline correspondería a toda la publicidad que se hace a través de charlas, presentaciones, entrevistas o periódicos.

Para la comunicación *online* es recomendable que exista una interacción con el público. El autor debe participar de manera abierta, añadiendo pinceladas que por un lado respondan a un posible debate, y que por otro lo prolonguen.

Si son canales ajenos los que comentan acerca de la labor de uno, es imprescindible poner alguna nota de agradecimiento con cierta regularidad.

**¿Qué recursos necesitas?**

Para responder a esta pregunta, listaremos todo aquello que precisamos para poder llevar a cabo nuestro trabajo. Para realizar cualquier modelo de negocio, los cuatro recursos clave son:

1. *Humanos*. ¿Qué personas necesitaremos para completar nuestro proyecto? ¿Cuál será su participación y a cambio de qué?
2. *Físicos*. Comprenden los materiales necesarios para que el negocio funcione. Para un taxista, por ejemplo, sería la adquisición de la licencia, el vehículo y su mantenimiento.
3. *Económicos*. Calcularemos el dinero necesario para

llevar a cabo nuestra tarea, lo que incluiría despacho —si lo utilizamos—, viajes, etc.

**¿Qué ingresos debes obtener?**

La compensación económica por nuestro trabajo puede obtenerse a través de varias vías. El escritor, por ejemplo, no sólo se beneficia de la venta de sus libros, sino que también puede inventar otras maneras de obtener ganancias, como, por ejemplo, hacer charlas sobre los temas de sus obras.

Para hacer un buen cálculo de lo que pueden significar las retribuciones, primero hay que averiguar cuánto están dispuestos a pagar los posibles clientes, y si lo harán de forma puntual o periódica.

***¿VITAL O TRIVIAL?***

La Ley de Pareto, también llamada Principio del 80/20 o «Regla de los pocos vitales y los muchos triviales», fue formulada a principios del siglo XX por el ingeniero Vilfredo Pareto.

Esta ley, aplicable a muchos campos, viene a resumir que el 20% de las causas producen el 80% de los resultados, y que el 80% de las causas producen solo el 20% restante.

Pareto desarrolló esta ley observando cuanto sucedía a su alrededor. Así, se dio cuenta de que en Italia el 20% de la sociedad tenía el 80% de las riquezas del país, y que el 80% del producto agrícola lo producían tan solo el 20% de los campos. También pudo constatar este hecho a escala menor, ya que comprobó que el 80% de los guisantes de su jardín eran producidos por tan solo el 20% de las plantas.

De esta forma apareció la Ley de Pareto, aplicable a prácticamente cualquier campo o proceso. De todas formas hay que tener en cuenta que es una proporción aproximada y que puede variar a 90/10, 70/30, etc.

Lo importante es quedarse con el concepto de que, tal como dice este principio, generalmente se obtiene mucho de poco y sobra mucho de cualquier cosa.

Son muchos los expertos que ya conocen los beneficios de aplicar la Ley de Pareto en el entorno laboral.

Así, algunas de las conclusiones serían:

- El 20% del tiempo de trabajo produce el 80% del trabajo realizado.

- El 20% de los proyectos consume el 80% de los recursos.

- El 20% de los clientes producen el 80% de las ganancias.

- El 80% de las ventas corresponden al 20% de los productos.

- El 20% de los vendedores producen el 80% de la facturación.

- El 20% de los empleados provocan el 80% de los problemas.

- El 20% de los cursos te aportan el 80% de la formación necesaria.

Por ello, para sacar el máximo beneficio y aumentar la productividad, lo que recomiendan los expertos es centrarse en los productos que dan más beneficios y deshacerse de los que producen más problemas.

Y seguir una regla similar con los clientes. Si dedicamos la mayor parte de nuestro tiempo a aquella minoría de clientes que nos resultan más rentables, trabajaremos menos y mejor, liberando tiempo para conseguir más clientes «premium».

Además, aseguran que una buena formación para los

empleados, enseñándoles a gestionar su tiempo y sus habilidades, puede ampliar las ganancias de la empresa de forma exponencial.

**¿Cuáles serán tus actividades?**

Las actividades corresponden a todas aquellas acciones de producción, venta y soporte que se deben emprender para que un negocio funcione.

- **La producción:** Incluye la prestación de servicios y, en el caso de estar elaborando un producto, la fabricación, diseño y desarrollo del mismo.
- **La venta:** Se hace a través los actos de promoción y la enseñanza a los posibles clientes para convencerles del valor de lo que nosotros ofrecemos.
- Finalmente, **el soporte:** Incluye la contratación de personal, si lo necesitamos, la administración de nuestra empresa y la contabilidad de gastos e ingresos.

### Cuáles son tus asociaciones clave?

En el caso del escritor que nos ha servido de ejemplo anteriormente, el papel de los prescriptores será fundamental para la promoción de su libro, ya que recomendarán y divulgarán su obra a través de sus canales: blogs, webs, redes sociales, sin olvidar el poderoso boca-oreja.

Ese es el motivo por el que un autor independiente, que se publica su propio libro, debe enviar su obra gratuitamente a aquellos foros que pueden darle apoyo y llevarle a los lectores.

En el caso de otros profesionales o incluso de empresas, las asociaciones clave pueden suponer compartir clientes de manera que todas las partes salgan beneficiadas.

### ¿Cuáles serán tus costes?

Tanto si se trata de montar una empresa como si uno es autónomo, en cualquier caso necesitaremos liquidez para poder empezar y funcionar. Los recursos, las asociaciones y la realización de la actividad generan unos costes que deben ser calculados para saber lo que necesitamos ingresar y, por lo tanto, si nuestra idea es viable.

En proyectos empresariales se habla de escalabilidad, que sería nuestra capacidad de hacer frente a un aumento de la demanda. Cuando decimos que una empresa es escalable, significa que el coste adicional de servir a otro cliente disminuye proporcionalmente según aumenta la demanda.

Para negocios en clave personal, en especial si implica dejar un trabajo fijo, es importante saber también cuál es el dinero que necesitamos para vivir, y cuántos meses tendremos cubiertos antes de que nuestra idea empiece a generar ingresos.

# 8. *Estrategia y posicionamiento*

Cuando te planteas tu carrera profesional o cualquier otro objetivo a largo plazo, es muy importante saber dónde te encuentras en este momento y adónde quieres llegar.

Para eso, merece la pena echar la vista atrás y ver qué experiencias hemos tenido, qué iniciativas nos hicieron avanzar, cuáles se convirtieron en tropiezos y qué lecciones obtuvimos de ellos.

La experiencia, el conocimiento de la vida en todas sus facetas, el camino recorrido, los éxitos y los fracasos, son impulsores y palancas que generan un relato, y debemos completarlo con una renovación de nuestra misión para adaptarla a las nuevas circunstancias.

### *TRES PREGUNTAS PARA ENFOCARNOS*

El *coach* Mario Reyes, autor del libro *Las 3 cosas que te quedan por hacer*, habla de tres preguntas que, realizadas durante 21 días, nos ayudarán a conocernos mucho mejor y a enfocarnos a nuestros objetivos.

1. ¿QUIÉN SOY? No es una pregunta filosófica ni generalista. Se trata de preguntarnos qué somos ahora mismo y qué valores tenemos.

2. ¿DÓNDE ESTOY? Es una pregunta más difícil de responder de lo que parece, ya que no solo se refiere al punto en el que estamos de nuestra carrera, sino también de nuestro momento personal.

3. ¿ADÓNDE VOY? Nuestras metas se van modelando en cada época de nuestra vida e incluso cambian cotidianamente, por eso es interesante ver cómo se definen después de 21 días de interrogación.

## Los *late bloomers*

La llamada «crisis de los 40» se ha trasladado a los 50. La

de los 30 ha quedado en el baúl de los recuerdos, ya que la juventud cada vez se alarga más y podemos escuchar comentarios como: «Estoy saliendo con un chico de 55 años».

A la hora de construir nuestra start-up personal, nunca podemos decir que es tarde. Muchas personas relevantes descubrieron su pasión y sentido en la última parte de su vida.

En inglés se habla de los "late bloomers" para designar a las personas que «florecen tarde», en referencia a talentos que se hacen visibles en la madurez. Como una flor, que necesita su tiempo para desplegar todo su esplendor.

Hay muchos ejemplos célebres:

- **Alexander Fleming** recibió el premio Nobel de Medicina a los **64** por su descubrimiento de la penicilina.
- **Frank McCourt** no público su primera novela y por la que obtendría el Pulitzer, *Las cenizas de Ángela,* hasta los **66 años**.
- Retrocediendo al siglo XVIII, **Mary Delany** in-

ventó a los **72 años** el arte del collage, tras ver caer el pétalo de un geranio. Culminó su serie más famosa a los **88**.

- Joe Girard, que entró en el Libro Guiness de los Records como el mejor vendedor de la historia, con 13.001 coches Chevrolet entre 1963 y 1978 decía lo siguiente sobre este tema: *«El ascensor del éxito está averiado. Tendrás que ir paso a paso y utilizar las escaleras.»*

## ¿Y ahora qué?

Muchas personas se hacen esta pregunta tras haber agotado una época. ¿Qué pasa si, a los 50 años por ejemplo, te encuentras con la necesidad de reinventarte de nuevo?

La vida es un torbellino. A mí me recuerda a aquellas flores que, cuando las soplas, se desmontan y esparcen una nube de pequeños paracaídas que se convertirán en plantas, y de nuevo en flores al caer al suelo. Nuestra existencia, de la misma manera, es un ciclo que se renueva tantas veces como sea necesario. La única condición es que nos atrevamos a soplar la flor.

Para dar el primer paso es importante reconocer la necesidad de cambio. Eso no significa hacer borrón y cuenta nueva, sino replantearse la realidad de manera activa y objetiva, y con la voluntad de romper viejos moldes si es necesario. Y, sobre todo, en un entorno de respeto y con una actitud de perdón hacia uno mismo. Perdonar es aceptar los errores y las culpas con la voluntad de aprender de ellos para iniciar una etapa nueva.

**El cambio es una actitud de apertura hacia lo nuevo, sin olvidar que el pasado es fuente de experiencia e inspiración.**

Para tener un papel activo en tu futuro, es importante que te preguntes por lo menos estas dos cosas:

1. ¿Qué quieres hacer en los próximos años?
2. ¿Qué puedes aportar?

Si has llegado a los 50 años sin una hoja de ruta o con una poco definida, es el momento de corregir el rumbo o fijarlo. Nunca es tarde para ello. Plantearse los objetivos para los próximos años y la manera de alcanzarlos se convierte en un espléndido ejercicio de supervivencia.

Si has llegado hasta aquí, no lo habrás hecho con la

mochila vacía. Durante los años precedentes habrás acumulado experiencia, conocimientos y talento, que son las palancas para definir la aportación que se puede hacer a los demás en el futuro. Renunciar u ocultar el pasado es impedir que los demás puedan beneficiarse de lo que has ido atesorando en el camino. Es personalmente ineficiente y socialmente injusto.

~~~~~~~~~~~~~~~~~~~~~~~~~~~~~~~~~~~~~~~~

## CASO 9:

## Reconocer y expresar la marca personal

Todo el mundo tiene alguna capacidad especial. Algo en lo que es bueno y que le puede ayudar a sentirse pleno y triunfar. Hay personas que todavía no conocen esas capacidades, y que finalmente pueden encontrarlas con un poco de trabajo. Luego están esas otras personas que saben que tienen unas habilidades, pero que no saben cómo expresar lo que son capaces de hacer. Y eso, lamentablemente, es igual de inútil que no saber que están ahí, al alcance de la mano.
~~~~~~~~~~~~~~~~~~~~~~~~~~~~~~~~~~~~~~~~

Conocí a dos personas fuera del ámbito profesional que tenían ese tipo de traba. Una de ellas era un hombre que, siendo administrativo y ya bastante maduro, iba saltando de empresa en empresa solucionando problemas de gestión. Y así, con el boca a oreja, iba encontrando sus trabajos. Al final lo que hacía eran las tareas más diversas siempre con el fin de mejorar el aspecto administrativo de aquella firma. Y eso podía implicar desde ordenar y clasificar un archivo hasta cuadrar cuentas económicas. No le gustaban los trabajos monótonos, y por eso se iba a otro sitio cuando allí ya lo había solucionado todo. Era como un 'manitas' de la administración.

El problema era que aquel profesional no sabía cómo expresar todo aquello de lo que era capaz. Porque si lo estudiabas de forma objetiva, tenía poca formación y había estado en decenas de empleos distintos. Tenía un talento enorme para lo que hacía, pero era algo que no podía reflejar.

Otra de las personas que no sabían potenciar sus habilidades era una mujer que tenía una capacidad de esfuerzo y trabajo increíble. Era una administrativa que también sabía solucionar problemas, que no se levantaba nunca de la mesa y que era la receptora de todos los líos que nadie sabía o quería solucionar. Pero a ella le gustaba, e incluso pedía que le dieran esos trabajos. A esta trabajadora la tuve yo como empleada porque reconocí su gran valor. Cuando se jubiló, nos costó encontrar a alguien con un perfil similar para sustituirla.

Estas dos personas no tuvieron problemas para encontrar trabajo, pero es importante conocer los propios talentos, y saber comunicarlos, cuando uno se enfrenta al mundo laboral. Por eso es tan importante identificar y potenciar la marca personal.

~~~~~~~~~~~~~~~~~~~~~~~~~~~~~~~~~~

## Avistar la competencia

No estás solo. Aunque parezca mentira, hay otras personas que hacen algo parecido a esta idea genial que se te acaba de ocurrir, o que simplemente tienen una propuesta de valor que se parece a la tuya.

Pero no tengas miedo. El mundo es muy grande y hay
~~~~~~~~~~~~~~~~~~~~~~~~~~~~~~~~~~

lugar para todos.

Saber identificar y analizar la competencia no debe asustarte, sino ayudarte a tomar consciencia de que no debes despistarte. Si haces tu trabajo bien, si satisfaces las necesidades de tu audiencia, si sabes dar a tu propuesta de valor ese toque diferente que te hace único, no tienes nada que temer de tus competidores.

**Simplemente búscalos, compáralos contigo, y si encuentras alguno con propuestas mejores que la tuya, cópialo. Y mejóralo si puedes.**

No te dé vergüenza comparar e incorporar ideas de otros a tu oferta, sobre todo si eres capaz de mejorarlas. Porque así ayudarás a tu audiencia, aprenderás y mejorarás. Al final, contribuirás a que el mundo avance. Porque mejorar es precisamente eso: hacer cada vez mejor lo que ya venías haciendo. Y en este proceso, algunas veces tendrás tu momento eureka y serás capaz de crear algo nuevo.

Los competidores son aquellas personas, empresas o instituciones que realizan actividades similares a las que nosotros hacemos, porque su propuesta de valor es parecida a la nuestra.

Fíjate que hablo de propuesta de valor y de actividades, porque para identificar a un competidor es preciso que nos fijemos en ambas cosas. Productos o servicios parecidos pueden no constituir competencia si sirven para cosas distintas y, al revés, a veces nos encontramos con productos o servicios que aparentemente son muy distintos, pero que ayudan a nuestros clientes a solucionar los mismos problemas que nosotros.

Cuando hablamos de competidores no nos debemos centrar sólo en relaciones de mercado. Si estamos en una empresa, también tenemos competidores. Son las personas que quieren desarrollar una carrera profesional similar a la nuestra, y optan por puestos y proyectos que también nos interesan.

En cualquier caso, debemos estar atentos a la propuesta de valor, que es el indicador fundamental.

### *EJERCICIO: ¿QUIÉN ES TU COMPETENCIA?*

Para saber quién es tu competencia, te propongo que hagas el siguiente ejercicio:

I. Elabora una lista, con nombres y apellidos, de tus posibles competidores. Incluye a profesionales, empresas e instituciones que realizan un trabajo parecido al tuyo o tienen el puesto que te interesa. Reúne toda la información que puedas de cada uno de ellos:

1. Qué productos o servicios ofrecen.
2. Cuál es su propuesta de valor.
3. En qué son buenos, cuáles son sus habilidades.
4. Qué tienen ellos que tú no tengas.
5. ¿Tienen alguna laguna? ¿Algo en lo que fallan?
6. Su formación y experiencia (estudios, idiomas, premios).
7. Otros proyectos o acciones sociales o voluntarias en los que colaboren.
8. Si participan en eventos del sector, dando charlas o conferencias.

II. Para saber cuál es su presencia y reputación online (qué dice Google de ellos, qué redes sociales utilizan y cómo, si tienen blog, qué tipo de contenidos crean y comparten) debemos averiguar:

1. Qué lugar ocupan en la búsqueda de Google.
2. En qué países operan. Dado que nuestro modelo económico está globalizado, no filtres por país e in-

tenta buscar y aprender por todo el mundo.

3. Qué características tiene sus páginas web y sus blog. Cómo explican su propuesta de valor y definen sus productos.
4. ¿Crees que se dirigen al mismo público que tu?
5. Qué recursos gráficos utilizan.
6. ¿Tienen canal de video?
7. ¿Qué incorporan a su comunicación que te falta a ti?
8. Valóralos a todos del uno al diez.

Completado este estudio, tendrás ya definido tu ranking de competidores.

**Los 18 pilares de la personal**

Hace un tiempo, un emprendedor que estaba a punto de «tirarse a la piscina» y dejar su trabajo fijo para llevar adelante el desarrollo de su start-up personal, me preguntó cuáles eran, a mi parecer, los pilares de la propia marca. Y, tras una larga conversación, le concreté estos puntos:

1. **Espíritu de empresa:** Es la capacidad de saber trabajar en situaciones de inseguridad, en las que hay que cumplir unos objetivos sin saber qué pasará.

Una empresa no es más que una organización que persigue una finalidad, pero que está sujeta a un cierto nivel de incertidumbre.

2. **Sentido de la iniciativa:** Es propio de alguien proactivo, que se avanza a los acontecimientos tomando decisiones antes de que sea estrictamente obligatorio. Tener sentido de la iniciativa es lo contrario a reaccionar, porque se reacciona cuando ya no queda más remedio.

3. **Crear oportunidades:** Porque estas aparecen manteniendo los ojos y los oídos abiertos a lo que sucede, y el corazón y la mente receptivos a los mensajes que nos llegan del exterior. Las oportunidades están ahí siempre, y todo depende de la lectura que sepamos hacer de la realidad. Es una gran verdad que los optimistas ven oportunidades donde los pesimistas solo ven problemas.

4. **Creatividad práctica:** Es lo contrario de teorizar. Estamos acostumbrados a recibir instrucciones para aprender cosas de manera pasiva y memorística, cuando en realidad lo que se necesita es poner en práctica todo aquello que nos pasa por la cabeza, para que no se quede en una simple idea. Esto es algo que depende de la educación, pues nos enseñan a elaborar pensamientos pero no cómo llevarlos a cabo. Tenemos muy poco sentido práctico, y muy poca idea de cómo elaborar cosas nuevas que sirvan para algo. Pero nunca es tarde para empezar.

5. **Audacia y originalidad:** Ser original significa pensar por uno mismo. No descubrir cosas nuevas, porque la mayoría ya están inventadas, sino saber aplicarlas de una manera propia y adecuada en una situación determinada. Ser audaz es ser valiente y capaz de, cuando se tiene un plan, saber ir a por ello sin vergüenza ni miedo.

6. **Capacidad de comunicación:** Implica poder explicar cualquier idea de manera coherente para que llegue tanto al corazón como a la mente del receptor. El marketing es la capacidad de promocionar una idea o producto, para que el cliente pueda adoptarla como propia y la compre.

7. **Convicción personal y fuerza disuasoria:** La convicción personal aparece tras haber identificado el propio foco, aquello que nos hace movernos teniendo claras nuestra misión, visión y valor. La fuerza disuasoria proviene de la trasmisión a los demás de la convicción personal.

8. **Personalidad fuerte:** Caracterizada por un gran poder de influencia, y por la capacidad de hacer que las demás personas hagan algo que de manera natural no harían. No obstante, si una personalidad fuerte no va unida a una convicción personal y a una buena habilidad para la comunicación, se puede quedar en nada.

9. **Capacidad para desarrollar una estrategia:** La estrategia es la hoja de ruta que hay que seguir para

lograr un objetivo. Consiste en pautar paso por paso, y de principio a fin, lo que hay que hacer para llegar donde se quiere.

10. **Visión clara de los objetivos profesionales:** Es tener la capacidad de mirar al futuro sabiendo donde se quiere estar posicionado y lo que se quiere lograr. Forma parte de la estrategia clara del marketing profesional. Cuando hablamos de posicionamiento nos comparamos con nuestros competidores observando dónde han llegado y teniendo muy claro dónde queremos llegar nosotros.

11. **Equilibrio de competencias y conocimientos:** Las competencias y los talentos son capacidades que las personas tienen de manera innata y que, por lo tanto, se llevan desde el nacimiento. Cuando se descubren, pueden hacerse crecer o incluso ser impulsadas cuando son muy débiles.

    Los conocimientos son la conjunción de información y experiencia. Algo aprendido, llevado a la práctica y enriquecido con nuestra experiencia a base de aciertos y errores.

12. **Desarrollo constaste y óptimo en el medio profesional:** Significa estar al día, ya que el mundo, los recursos, las técnicas, las situaciones y la capacidad de conectar cambian y hay que estar informados y ser capaces de desarrollar nuevos conocimientos que nos permitan tener las herramientas a punto.

13. **Pasión por el trabajo:** Es aquello que nos hace vibrar de tal forma que parece que el tiempo no pase. Podemos hablar incluso del estado de *flow*.

14. **Desarrollo de una red de contactos:** Es fundamental tener una red, ya que dependemos de las personas que nos rodean. A través de ellas podemos llegar a otras personas, poniendo en conocimiento lo que sabemos hacer y nuestra propuesta de valor. Desarrollar una red de contactos es primordial para una marca personal porque uno de sus atributos es ser conocido.

15. **Anticipación ante las novedades y cambios del entorno:** Prevenir por dónde puede ir el mundo, el entorno, la profesión y el ámbito de los clientes para poder progresar cuando llegue el momento. Anticiparse al *momento menos uno,* porque anticiparse demasiado tampoco es bueno porque eso te convierte en un visionario.

16. **Adaptación al cambio:** Esta una necesidad importantísima de la marca personal, porque nos encontramos en ambientes, situaciones y actividades que son fuertemente cambiantes. Si no sabemos seguir el ritmo de las cosas conforme van cambiando, nos quedaremos atrás convirtiéndonos en unos inadaptados.

17. **Capacidad para construir los propios referentes:** Avanzar teniendo en cuenta la experiencia personal y la autocrítica respecto a los fracasos, aceptando

los valores, los recursos y los consejos de las personas que uno cree importantes. Seguir la propia estrella polar y no el camino de otro.

18. **Actitud para manejar la incertidumbre:** Implica desarrollar la capacidad de sentirse cómodo aún no sabiendo qué sucederá. Tener bajo control esa emoción llamada miedo. Esa es una competencia que muchas personas no tienen, ya que el miedo las paraliza y les impide avanzar.

### Ser tú mismo, la mejor estrategia

En *El libro de las posibilidades*, Albert Liebermann explica cómo se pueden crear oportunidades a través de la honestidad más desnuda.

Un caso muy claro es el de David Ogilvy, considerado el mejor publicista de todos los tiempos, como podemos ver por su singular entrada en el difícil mundo de los creativos.

Nacido en Inglaterra, Ogilvy emigró a Estados Unidos en 1938. Tras estudiar cocina trabajó de aprendiz en un restaurante durante un año, y luego vendió estufas «a puerta fría». Era tan buen vendedor que sus jefes le pidieron que escribiera un manual, que fue calificado como el mejor manual nunca escrito tras llegar a manos de los editores de la revista *Fortune*.

Ogilvy era un aventurero nato y camaleón incansable de oficios y proyectos. En la Segunda Guerra Mundial trabajó para el servicio de inteligencia y, tras aquel episodio, se fue unos años a vivir con los *amish* como granjero.

Cuando se le metió entre ceja y ceja que tenía que ser publicista, se le ocurrió escribir la siguiente misiva a los que serían sus futuros socios:

> *«Hombre de 38 años de edad, sin trabajo. Sin estudios universitarios. Experiencia como cocinero, vendedor, diplomático y agricultor. No posee conocimientos de mercadotecnia y nunca ha escrito un texto. Interesado en la publicidad. Disponibilidad inmediata por 5.000 dólares anuales».*

Esta humilde carta surtió efecto. Pocos años después, su agencia subía como la espuma a la vez que reinventaba totalmente el negocio. Y para ello no tuvo que fingir nunca lo que no era.

## *CÓMO PRESENTAR TU CANDIDATURA*

A la hora de escribir una carta personal, hay que ser muy prácticos y usar el mismo criterio que utilizaríamos en un mensaje hablado. Debemos tener muy claro que nuestro interlocutor no tiene demasiado tiempo, por lo que ser conciso es una virtud.

Igual que cuando practicamos un *elevator pitch*, que implica conseguir una cita mientras sube o baja un ascensor, el objetivo final de la presentación de nuestra candidatura es conseguir una entrevista, en la que podamos demostrar nuestra valía e idoneidad para el puesto.

Para ello debemos emocionar y «enganchar» al destinatario, creando un mensaje conciso que responda a la situación actual y a las necesidades de esa empresa. Si queremos asegurar que nuestra candidatura prospera y conseguir la ansiada entrevista, debemos documentarnos previamente sobre la compañía a través de todos los medios a nuestro alcance.

El mensaje debe de ocupar una sola página y tiene que estar estructurado en tres apartados:

1. Un primer párrafo para **captar la atención del lector**, utilizando algún punto importante de la información que hemos conseguido sobre la compañía. Servirá para dejar

claro desde el principio que podemos ofrecer una aportación interesante a la empresa.

2. Un párrafo central que **explique nuestros conocimientos, experiencia y logros obtenidos** en las áreas que consideremos importantes para la empresa. Es fundamental evitar las afirmaciones gratuitas, así que debemos basarnos en hechos, cifras y otros datos «objetivos».

3. Finalmente cerraremos con un párrafo **proponiendo una cita** o, por qué no, anunciando una llamada telefónica.

## El valor de ser diferente

Como consultor de marca personal, a lo largo de mi carrera he trabajado con personas muy distintas entre sí. Y, con cada una de ellas, mi misión es ayudar a que tomen consciencia de cuál es el universo que generan a su alrededor, su singularidad enfrente del resto, su sueño y su propuesta de valor, para poder comunicarlos y acabar siendo elegidas.

Como consultor de marca personal me fijo más en lo que diferencia, y me paro poco a reflexionar sobre que tienen en común las personas que han depositado su confianza en mí. Pero siempre hay un valor del que participan todas las grandes start-ups personales: el amor hacia uno mismo.

Quien no se quiera, no será capaz de tomar consciencia de su carácter único. Y para quererse es necesario estar en disposición de escucharse, reflexionar y aceptar que estamos donde estamos con un propósito determinado para cumplir una misión. Todos tenemos un propósito y una misión, aunque a veces falte el valor para identificarlos y actuar en consciencia. Porque es más fácil dejar que los acontecimientos fluyan y seguir la corriente que hacer que las cosas ocurran.

Descubrir lo que nos identifica, lo que nos hace realmente diferentes de los demás y lo que nos da sentido, nos embarca en una aventura hacia lo desconocido, que de entrada da miedo. Pero, como decía Yoko Ono, lo opuesto al amor es precisamente ese miedo.

Por lo tanto, el primer paso para dejar huella es atreverse a conocerse en profundidad, aceptarse y actuar en consecuencia para poder ser realmente útil a los demás. Quien no quiera o no pueda aceptar su singularidad y la originalidad de su propuesta de valor, no tendrá nada propio y original que transmitir y acabará siendo ignorado. Respetarse, quererse y amarse es imprescindible para ser el elegido.

### *ERES UNA MARAVILLA*

*"Cada segundo que vivimos es un momento nuevo y único del universo, un momento que jamás volverá... Y ¿qué es lo que enseñamos a nuestros hijos? Pues, les enseñamos que dos y dos son cuatro, que París es la capital de Francia.*

*¿Cuándo les enseñaremos, además, lo que son? A cada uno de ellos deberíamos decirle: ¿Sabes lo que eres? Eres una maravilla. Eres único. Nunca antes ha habido ningún otro niño como tú. Con tus piernas, con tus brazos, con la habilidad de tus dedos, con tu manera de moverte.*

*Quizá llegues a ser un Shakespeare, un Miguel Ángel, un Beethoven. Tienes todas las capacidades. Sí, eres una maravilla. Y cuando crezcas, ¿serás capaz de hacer daño a otro que sea, como tú, una maravilla?*

*Debes esforzarte, como todos debemos esforzarnos, por hacer el mundo digno de sus hijos."*

PAU CASALS

# 9. *Los poderes del hombre visible*

Sin duda, mucho antes de ser reconocidos, memorables y elegidos, para ser conocidos es indispensable tener visibilidad entre el público que deseamos captar.

En un artículo publicado en *La Vanguardia* en marzo de 2016, el neurólogo Xavier Montalbán, director del Centre d'Esclerosi Múltiple de Catalunya (Cemcat), comentaba al respecto la siguiente anécdota: «Buscamos durante meses a un investigador que supiera mucho de una faceta muy concreta. Dimos con él, pero sorprendido nos dijo que, si no se equivocaba, en Barcelona teníamos a uno de los mejores en esa cuestión. Y resultó que era quien trabajaba en el laboratorio de la puerta contigua».

Sin duda el investigador en cuestión era visible a su manera, pero no lo era de manera eficaz ni con el alcance adecuado. Por eso, una visibilidad óptima nos permite transmitir nuestra propuesta de valor al público al que tenemos de llegar para no perder tiempo ni oportunidades.

~~~~~~~~~~~~~~~~~~~~~~~~~~~~~~~~~~~~~~~~

## CASO 10: Mirar hacia atrás para catapultarse hacia delante

El primer caso que recuerdo fue el de una persona que estaba relacionada con unos amigos míos. Cuando nos conocimos de forma fortuita le expliqué a qué me dedicaba, y me dijo que le parecía genial, que teníamos que hablar pronto.

Al cabo de dos días me llamó y me dijo que quería reunirse conmigo. Era una mujer con un background interesante, científica y doctora en medicina. Había hecho investigación para grandes empresas, había sido profesora en la universidad y, en
~~~~~~~~~~~~~~~~~~~~~~~~~~~~~~~~~~~~~~~~

aquel momento, había dejado una importante firma en la que trabajaba y trataba de abrirse un nuevo camino.

Era una persona con una experiencia vital y laboral impresionante, que había creado numerosas patentes y hecho grandes avances en el campo de la ciencia. Pero se sentía insegura en aquellos momentos en que tenía que enfrentarse al mercado de nuevo a una edad un poco avanzada. Lo que pensé al instante fue que tenía que probar la metodología de la start-up personal, y lo cierto es que funcionó. Lo primero que conseguimos fue que reflexionase sobre el lugar al que quería ir, y que a través de ese objetivo aprendiera a moverse por el mercado laboral. Lógicamente, lo segundo que tenía que hacer era reciclarse.

Este fue uno de aquellos casos en los que yo estaba seguro de que era un caballo ganador, y así se lo dije. A ella, lo único que pude aportarle fue seguridad. Y no me refiero a darle una palmadita en la espalda y decirle 'oye créeme, tú con tu currículum lo tienes chupado'. Me refiero a crear la seguridad de hacerle ver que, una vez llegada hasta allí, ahora podía decidir a dónde quería dirigirse. Que debía utilizar su pasado pero centrarse en su futuro. Su trabajo durante las sesiones fue comprender qué era a lo que quería dedicarse, y el mío darle las herramientas para conseguir sus objetivos.

En su caso, lo que quería era continuar con la investigación. Quería ser responsable de proyectos científicos y consejera de grandes empresas. Una vez lo tuvo claro definimos su propuesta de valor, que se tradujo en varios productos centrados en ella misma. Básicamente lo que hicimos fue poner orden en sus habilidades dispersas y mostrarlas de forma clara y positiva.

Tras cinco meses y unas siete u ocho sesiones en las que trabajamos su imagen profesional, esta valiosa científica pudo aportar sus grandes conocimientos a varias empresas y grupos de investigación.

De su caso aprendemos que, a veces, no hace falta cambiar de ámbito de trabajo o cambiar de profesión. En muchas ocasiones, con tan solo cambiar la actitud y filtrar los propios pensamientos y objetivos, podemos crearnos un futuro muy distinto permaneciendo en el mismo sector.

~~~~~~~~~~~~~~~~~~~~~~~~~~~~~~~~~~~~~~~~

**El elixir de la visibilidad**

Un personaje mítico de las películas de fantasía de nuestra infancia era el hombre invisible, cuyo poder consistía en estar en todas partes sin ser visto. En la vida profesional, sin embargo, actualmente eso no supone ninguna ventaja. Al contrario, aquellas personas cuya visibilidad es menor pierden la mayor parte de oportunidades, ya que si no te ven y no te conocen, no existes.

Ser visible es una tarea que, cuando se inicia, no se puede parar porque la capacidad de olvido de nuestro entorno es alta. *Ser visible tiene que convertirse en un hábito.*

Neus Arqués, introductora del concepto marca personal en España a través del libro *Y tú, ¿qué marca eres?*, en el ya lejano año 2007, ha ofrecido más recientemente en su libro *Tu plan de visibilidad 40+* muchos ejemplos y ejercicios para convertir la necesidad en hábito, saliendo de las cómodas pero improductivas zonas de confort.
~~~~~~~~~~~~~~~~~~~~~~~~~~~~~~~~~~~~~~~~

En sus propias palabras, *«al subrayar tus elementos diferenciales, el mercado sabe quién eres y qué ofreces. Resultas conocido para tu público, con lo que reduces los costes de adquisición de nuevos clientes. Los clientes encajan mejor con tu propuesta, porque queda clara. Por esa misma razón, tu posición en el mercado se hace más sólida y por tanto fidelizas mejor a tus clientes actuales.»*

Arqués cita en su libro a Irving Rein y Philip Kotler, que hablan así de la rentabilidad de invertir en un plan de visibilidad: «*Cuando una persona logra crearse una marca diferenciada, dicha persona resulta conocida para su público objetivo, goza de capacidad de permanencia a largo plazo en su mercado y se diferencia de forma clara y significativa de sus competidores; esto se traduce en una prima económica por su visibilidad*».

De acuerdo con esta autora y referente en el campo de la marca personal, otros beneficios que se obtienen al desarrollar el propio plan de visibilidad serían:

1. **Mejorar el autoconocimiento de lo que podemos ofrecer.**
2. **Reducir la brecha entre «lo que soy» y «lo que hago».**

3. **Aprender a centrarnos en nuestros puntos fuertes y hacer de ellos el eje de nuestra promoción.**

Para ordenar los esfuerzos de promoción, la autora de *Tu plan de visibilidad 40+* aporta el siguiente esquema para poner «en negro sobre blanco» el propio plan de visibilidad (disponible a www.neusarques/hoja40plus).

**Tu plan de *visibilidad* 40+**

*Creado para:* *Fecha:*

| MARCA | PROPÓSITO<br>*¿Cuál es tu misión?* | VALORES<br>*Los tres valores que mejor expresan tu marca* | OBJETIVOS<br>*Tus metas a corto, medio y largo plazo* |
|---|---|---|---|
| **POSICIÓN** | **REPUTACIÓN**<br>*Tu posición actual en el mercado* | **DIFERENCIACIÓN**<br>*Características por las que tu propuesta resulta singular* | **PÚBLICO**<br>*Persona o personas a las que te diriges* |

| ESTRATEGIAS | FORMATO | CONTENIDOS | MEDIOS | NETWORK | OTRAS |
|---|---|---|---|---|---|
| | *El / los canales en los que más cómodo/a te sientes* | *Qué publicarás, cuándo y cómo* | *Aproxímate a los medios de comunicación* | *Dinamiza tu red de contactos* | *Estrategias singulares y específicas para tu propuesta* |

Más recursos para tu visibilidad en www.neusarques.com. 

## On line y off line

La explosión de las redes sociales en nuestro mundo ha hecho que el valor del *on line* se haya sobredimensionado, hasta el punto de haber profesionales que invierten en «comprar seguidores» por paquetes que aportan volumen pero en ningún momento calidad.

De nada sirve sumar 10.000 seguidores comprados —y que a menudo son internautas que cobran por hacer «click» a miles de páginas y ni siquiera entienden nuestro idioma—, si luego eso no se traduce en clientes reales.

La famosa «tasa de conversión», es decir, el porcentaje de «amigos» que acaban comprando nuestro producto o contratando nuestros servicios, en Facebook no suele superar el 0,5% por poner un ejemplo.

Dedicaremos el próximo capítulo a hablar de la promoción *on line,* pero en este vamos a ver la importancia de los medios tradicionales para lograr ser conocidos, reconocidos, memorables y elegidos.

## Minutos de gloria

Además de mi labor como formador y conferenciante, a menudo intervengo en los medios de comunicación. Por eso soy consciente del efecto que tiene en la difusión de mi trabajo.

Como ejemplo, diré que hace unos años salí en un programa de la Sexta llamado «Equipo de investigación». Mi intervención no fue muy larga, apenas dos minutos, pero eso originó inmediatamente 100 peticiones de amistad en LinkedIn y 70 en Facebook. Muchos amigos me llamaron para decirme: «*Estaba haciendo zapping y me has aparecido en la tele*».

Quien piense que la televisión, la radio y la prensa escrita tienen poca influencia en el mundo de la marca personal va muy equivocado. Además de llegar a un número determinado de personas que en circunstancias normales no sabrían de nosotros, los medios anteriores al Internet nos aportan una relevancia de una calidad diferente.

Aparecer en la tele o en la radio da un estatus de popularidad a la persona que raramente se consigue en medios online, donde millones de internautas vierten sus propuestas y, por lo tanto, no es percibido como un club selecto.

Participar en la prensa escrita, sea una revista o un periódico, nos aporta una jerarquía y prestigio superiores a los medios audiovisuales en muchos sentidos. Esto se hace especialmente relevante cuando un profesional lanza un libro al mercado.

**Los alpinistas y el sherpa literario**

Ser publicado por una gran editorial es una tarjeta de visita inigualable para un profesional. Personas que habían ejercido su oficio de forma discreta se encuentran de repente con decenas de peticiones de cursos, talleres, consultas y conferencias cuando su obra llega a las librerías.

El efecto en la marca personal no se limita solo a los miles de lectores que puedan comprar el libro. Si la editorial tiene un buen departamento de prensa, la publicación de una novedad genera numerosas reseñas y entrevistas en los medios, lo cual redunda aún más en la popularidad del autor.

Llegados a este punto, más de uno puede preguntarse:

estaría muy bien escribir y publicar un libro, pero… ¿por dónde empezar?

No hace mucho que descubrí, a través de mi amigo Francesc Miralles, que existe la figura del sherpa literario. Es decir, aquella persona que ayuda al alpinista —al autor— a escalar la cima que lleva a terminar con éxito un libro.

Este profesional, que ha descubierto y hecho debutar a figuras mediáticas como Sonia Fernández-Vidal y trabaja con autores como el Dr. Estivill o Álex Rovira, entre muchos otros, resume así en qué consiste su tarea:

- Así como un alpinista se prepara en función de una cima en concreto, resulta muy útil afrontar un libro pensando en la editorial y colección concreta donde desearíamos publicarlo. Como decía un profesor que tuve en el máster de edición, «*antes de empezar a escribir un libro hay que imaginarlo terminado para saber lo que tenemos que hacer para llegar hasta allí*».
- Para lograr esa imagen de conjunto, un buen ejercicio es redactar la llamada «*proposal*»: un dossier que incluye el título, subtítulo, sinopsis, ficha del autor y un capítulo de muestra.
- Antes de iniciar la ascensión a la cima, hay que prepararlo todo para que el camino fluya sin acci-

dentes. Si se trata de una novela, plasmaremos por escrito cómo es cada uno de los personajes, los escenarios, el tiempo de la acción, el punto de vista narrativo...

- El último paso antes de empezar la escritura es preparar un guión lo más detallado posible. Si precisamos qué sucederá en cada uno de los capítulos, aunque un libro es algo orgánico que va cambiando a medida que avanza, como mínimo lograremos un equilibrio y no nos «quedaremos en blanco».
- La escritura de una obra se podría extender indefinidamente, por lo que es bueno ponerse una fecha de finalización como meta y estímulo. Así podremos calcular cuántas páginas debemos terminar por semana. Esto es una carrera de resistencia, una maratón, por lo que hay que obligarse a escribir con ganas o sin ellas para cumplir el objetivo de cada etapa.
- Una vez terminado el libro, merece la pena buscar dos o tres lectores que se correspondan con el público al que se dirige. Si es una novela juvenil, por ejemplo, nos resultará muy útil contar con la opinión de lectores adolescentes. Hay que hacer caso de sus indicaciones, ya que conocen el terreno mucho mejor que nosotros.

Cuando preguntaron a Francesc Miralles qué es lo imprescindible para llegar a la cima, lo resumió en una sola palabra: HUMILDAD. Ser conscientes de que siempre estamos aprendiendo es el camino más seguro para alcanzar cotas inimaginables.

## El caso de James Redfield

Contratar a un sherpa literario no está al alcance de cualquiera, pero hay casos de éxito que no pasan necesariamente por debutar en una gran editorial. Así sucedió con James Redfield, natural de Alabama, que desde joven se interesó por las filosofías orientales.

Tras dedicar más de quince años a trabajar de terapeuta, en 1989 escribió *Las 9 revelaciones*, una novela inspiracional que acabó autopublicando en 1992. Se cuenta de él que, tras invertir todo su dinero en la imprenta, llenó una furgoneta de ejemplares y empezó a promocionar su obra pueblo por pueblo, montando una parada para promocionarse y explicarla.

El boca-oreja funcionó, y dos años más tarde lo compraba Warner Books, que rápidamente catapultó el libro al nº1 del New York Times. Permaneció más de tres años en listas.

A día de hoy, el libro de Redfield se ha traducido a 34 idiomas y ha vendido 20 millones de copias en todo el mundo. Y todo empezó con una idea, una propuesta de valor, de un soñador que se atrevió a dejarlo todo para apostar por su proyecto con todo lo que tenía.

## Precipitar la fama

Un dicho popular reza: *«haz como si fueras y acabarás siendo»*, y esa fue la estrategia de David Bowie que, tras triunfar con el single *Space Oddity*, cayó rápidamente en el olvido y su carrera amenazó con desaparecer.

Su manager ideó entonces un alocado plan para dotarle del carisma que aún no tenía: contrató a una glamurosa fotógrafa para que le siguiera a todas partes y le retratara febrilmente allí donde estuviera.

Se convirtió en una especie de paparazzi personal de Bowie. Cuando este salía de un bar, de una tienda de ropa o de un club, los flashes le estallaban en la cara como si fuera un celebridad. Los londinenses se detenían en la calle a contemplar la escena y pensaban: «Ese chico tan escuchimizado debe de ser alguien importante».

Fue entonces cuando empezaron a pedirle autógrafos. Y, un año después, se convertía en un ídolo de alcance internacional.

Sobre este fenómeno, Sofía Loren sostenía que *«el atractivo personal es un 50% lo que tienes, y otro 50% lo que los demás creen que tienes»*.

**Nunca comas solo**

Desde tiempos inmemoriales, compartir mesa ha sido fundamental para lograr acuerdos y establecer alianzas, hasta el punto que muchos expertos sostienen que una mesa de negociación sin comida no funciona.

Keith Ferrazzi escribió un ensayo acerca de la importancia de compartir mesa para potenciar la propia carrera. Este experto en ciencias relacionales y del comportamiento publicó el libro *Nunca comas solo,* en el que explica que, como seres que vivimos en comunidad, nos conviene rodearnos de personas a las que ser útiles. Así conseguiremos que nuestras necesidades también puedan ser cubiertas por otros, tejiendo una red de relaciones a nuestro alrededor.

*«Estoy convencido de que la habilidad de conectar es una de las cosas más importantes que pueden aprenderse. ¿Por qué? Pues simplemente porque la gente hace negocios con gente que conoce y le cae bien. Las carreras profesionales funcionan del mismo modo en cualquier campo, incluso nuestro sentido más amplio del bienestar y de la felicidad está determinado, en gran parte, por el apoyo, el asesoramiento y el amor que obtenemos de la comunidad que creamos»*, dice el autor.

## *FORMAR PARTE EL CLUB*

*«De niño trabajé como caddie en el club de golf de las familias adineradas de una localidad cercana a la mía. Eso me hizo pensar a menudo sobre la gente que triunfa y la que no. En esa época hice una observación que cambió mi visión del mundo.*

*Durante los largos ratos en los campos de golf cargando bolsas de palos, observé cómo las personas que habían alcanzado altos niveles profesionales se ayudaban mutuamente. Se buscaban puestos de trabajo los unos a los otros, invertían tiempo y dinero en las ideas de cada cual y se aseguraban que sus hijos recibían la ayuda necesaria para entrar en las mejores escuelas, para conseguir las prácticas más adecuadas y, al final, los mejores puestos de trabajo.*

*Comprobé con mis propios ojos que el éxito engendra éxito y que, en efecto, los ricos se enriquecían todavía más. La red de amigos y conexiones de las que disponía toda esa gente para la que yo hacia el caddie era el palo más potente que esa gente llevaba en sus bolsas de golf. Comprendí que la pobreza no era simplemente falta de recursos financieros, sino que conlleva el aislamiento del tipo de gente que podía ayudarle a uno a triunfar económicamente. (...) La regla de vida es que el individuo que conoce a la gente adecuada y utiliza el poder de esas relaciones puede formar parte del club.»*

Keith Ferrazzi, *Nunca comas solo*

## Reforzar nuestra red

Además de aprovechar la hora de comer para hacer contactos y progresar, otras medidas para potenciar nuestra red de relaciones son:

- **Llevar siempre tarjetas encima.** Parece obvio, pero más de un negocio se ha perdido porque, al ser presentado a alguien influyente, la persona no tenía a mano una tarjeta. Eso es algo que sería impensable en una cultura como la japonesa. Lógicamente, en una situación así no procede anotar nuestro número o e-mail en un trozo de papel.
- **Asistir a presentaciones de libros o a conferencias de conocidos.** Al terminar esta clase de actos, siempre se producen contactos interesantes y presentaciones cruzadas, especialmente si hay un cóctel o copa para los invitados. Como decía Woody Allen, *«el 90 por ciento del éxito es estar ahí»*.
- **Felicitar los cumpleaños o los éxitos profesionales de otros.** Sin enjabonar a nadie, estar presente —aunque sea a través de un e-mail o whatsapp— en los momentos importantes de los demás, hará que nos tengan en cuenta cuando surjan oportunidades que nos puedan interesar.

## Networking y embajadores de marca

### Networking

A estas alturas del libro, algo que ha tenido que quedar claro es que siempre, hagamos lo que hagamos, dejamos marca. También es cierto que si esta marca no la gestionamos nosotros, serán los demás quienes lo hagan y, en el camino, se pueden producir malentendidos y distorsiones. Es por ello que uno de nuestros objetivos es darnos a conocer de manera adecuada, desde nuestro entorno inmediato a las personas más alejadas con las que podamos tener algo en común o no.

Cuando hablamos de *networking,* nos referimos a nuestra red de contactos, que está formada por las personas con las que hemos tenido alguna vez alguna relación y que de algún modo tienen alguna información sobre nosotros. También podemos incluir a aquellas personas a las que todavía no nos hemos presentado pero que nos gustaría conocer y a las que alguien que conocemos nos puede introducir. Y finalmente no hemos de desconsiderar quienes no han aparecido todavía en nuestra vida pero que puedan hacerlo en algún momento y con quien podemos construir algún tipo de relación.

El *networking* ante todo es una actitud. Por experiencia, puedo asegurar que si no hemos interiorizado que en cada momento tenemos la posibilidad de dar a conocer nuestro mensaje y de establecer a través de ello relaciones sólidas y no practicamos constantemente y de *manera natural,* nos iremos quedando aislados y siempre seremos vistos y veremos las mismas caras.

La actitud de networking se apoya primeramente en ir al encuentro de los demás para ofrecerles nuestra ayuda, explicándoles cuál es nuestra propuesta de valor, y después en establecer algún tipo de vínculo personal que nos permita ser recordados: damos tarjetas de visita, contactamos en redes sociales o quedamos para tomar un café y seguir comentando. Finalmente, trabajamos para mantener viva la relación por el tiempo más largo posible, enviando señales y recordatorios de nuestra existencia.

Por lo tanto, las tres etapas para crear una red de contactos las podemos resumir en:

1) Establecer la relación,
2) Crear vínculos a través de nuestra propuesta de valor y
3) Mantener la relación.

### Establecer la relación

Aunque a veces nos sintamos un poco desanimados y tengamos la sensación de que estamos solos, la realidad es que siempre tenemos un entorno que nos es afín y que está a nuestro lado. Por ello, antes de buscar personas desconocidas hay que pensar qué está pasando con las personas que ya conocemos y que posiblemente tengamos olvidadas.

En primer lugar, tenemos a la *familia.* Ahí está desde que nacemos y está formada por las personas con las que nos unen lazos de parentesco. Muchas de ellas nos han conocido y han visto nuestra la marca que dejamos antes, mucho antes de que nosotros nos diéramos cuenta de ello.

Además de los vínculos de sangre, la familia genera relaciones de solidaridad. En las las últimas crisis económicas, esta solidaridad ha permitido la supervivencia de muchas personas.

La familia la tenemos aunque no la escogemos, pero siempre está aquí y tenemos que cuidarla porque, como dice Louise Hay: *«si quieres que tu familia te ame y te acepte entonces tienes que amarlos y aceptarlos tu a ellos».*

En segundo lugar están los *amigos.* Con ellos tenemos una relación afectiva especial que va más allá de compartir inquietudes, porque está acompañada de amor y cariño. Los amigos van entrando en nuestra vida progresivamente y con ellos creamos lazos profundos, en muchos casos mucho más sólidos que con la propia familia, porque a los amigos los escogemos.

Cada relación es única pero buenos amigos, aquellos con quienes estamos dispuestos a compartir la totalidad de nuestra vida, hay realmente pocos. Kurt Cobain , el líder del grupo Nirvana, solía decir al respecto: *«el auténtico amigo es el que lo sabe todo sobre ti y sigue siendo tu amigo»*.

Finalmente, los *conocidos* son aquellas personas con las que tenemos algún tipo de relación pero con las que el vínculo afectivo es débil o inexistente, aunque cuando hablamos de ellos solemos decir que nos caen bien.

Con los conocidos ya nos hemos presentado por lo que siempre podemos reestablecer el contacto, aunque es importante que se vayan acordando de nosotros para lo que hemos de realizar acciones para ir manteniendo viva la relación.

Fuera de este entorno se encuentran las personas que no conocemos. Es un universo inmenso y, si queremos ampliar nuestra área de influencia, hemos de explorar para hacer crecer nuestra red de contactos. Aquí encontraremos las personas con las que podemos compartir aficiones, intereses profesionales, afinidades políticas y, quien sabe, en algún momento podemos llegar a tener algún nivel de amistad.

Cuando hablamos de hacer networking generalmente nos referimos a los conocidos que no son familia ni amigos y, por supuesto, a los desconocidos.

### Crear vínculos a través de nuestra propuesta de valor

Dale Carnegie decía dos cosas muy interesantes: «*La persona que no se interesa por sus semejantes es la que tiene mayores dificultades en la vida y causa las mayores heridas en los demás. De esos individuos surgen todos los fracasos humanos.*» y también «*Hay que despertar en el prójimo un franco deseo. Quien puede hacer esto, tiene el mundo entero consigo. Quien no puede hacerlo, marcha solo por el camino.*»

Cuando nos acercamos a otras personas para entablar una conversación o quizás incluso iniciar una relación, debemos hacer un esfuerzo para transmitirles que estamos dispuestos a ayudarles y hacerles la vida más fácil. Es muy importante que quede muy claro que no estamos allí para lucir, para enseñar lo buenos que somos, sino para ofrecer nuestra ayuda.

Para crear vínculos hemos de entrar en contacto y esto es lo que hemos de hacer de manera cuidadosa porque *la primera opinión que los demás se hagan sobre nosotros contará mucho.*

La primera vía que tenemos para conocer personas es a través de nuestros círculos ya existentes: la familia, los amigos y los conocidos. Ellos nos pueden presentar a otras personas y, viceversa, nosotros les podemos introducir en entornos en los que no se mueven con facilidad. Para ello hemos de tener muy claro que si no pedimos ayuda no la tendremos y que hemos de dejar de lado vergüenzas y actitudes similares.

Para conocer personas nuevas, a parte de pedir ayuda a nuestro propio círculo, hemos de salir al mundo, dejarnos ver e interactuar ayudando a los demás con nuestras propuesta de valor. Como dice Andrés Pérez Ortega: nos dirigirnos a un grupo de personas sin intermediarios.

Nuestro mundo tiene dos formas de contacto: la real, el mundo de los átomos, en la que interactuamos de manera directa, cara a cara y con la posibilidad de darnos un apretón de manos, un abrazo o un beso, y la virtual, el mundo de los bits, en el que nos relacionamos con los demás a través de internet y las redes sociales.

Cuando con un contacto del mundo de los bits, o sea virtual, quedamos en un cara a cara en el de los átomos, o sea real, decimos que lo *desvirtualizamos*.

### Ampliar el mundo real y el mundo virtual

Para aumentar nuestra red de contactos en el mundo real podemos hacer muchas y muy variadas acciones:

- *Participar en eventos, cursos y conferencias como oyentes* y darnos a conocer entre el resto de los asistentes, aprovechando las pausas del café, las comidas o a través de las preguntas que hagamos.
- *Dar charlas o impartir cursos.* Desde una asociación de vecinos, el club deportivo, la escuela de nuestros hijos o, si tenemos la oportunidad, la universidad. Es una gran oportunidad porque permite entrar en contacto con las personas que asisten y además darte a conocer como expertos del tema que expliques.
- *Escribir artículos en revistas y boletines o en algún periódico.* Si tenemos la habilidad necesaria para comunicarnos bien por escrito, un artículo en una revista de barrio nos puede poner en contacto con

muchas personas que, si encuentran interesante nuestra propuesta, nos vendrán a buscar.

- La guinda del pastel es *atrevernos a escribir un libro.* Un libro da prestigio, nos reafirma como expertos y nos abre la puerta a que nos inviten a aparecer en periódicos, revistas o en televisión y que, a través de estos medios, nos inviten a dar charlas, conferencias, talleres y cursos.

En el mundo virtual o de los bits, crear una red de contactos no sólo es posible sino que, además, refuerza y acredita los contactos que tenemos fuera de ella. Por eso, estar en internet y participar en las redes sociales es no sólo necesario, sino imprescindible.

Las acciones que podemos hacer son:

- *Tener y mantener un blog* para divulgar de manera periódica contenidos de interés para nuestro público.
- Crear y participar en *discusiones en las redes sociales.*
- *Divulgar contenido publicado en los medios* de comunicación para aumentar la audiencia.

**Embajadores de marca**

La marca que dejamos no se limita a nuestra individualidad. Sin darnos cuenta, también comunicamos acerca de los lugares de dónde procedemos, de las empresas en las que trabajamos, de las instituciones, asociaciones o clubes en los que participamos e incluso de nuestra familia.

Somos, por definición, *embajadores de nuestro entorno*, seamos o no conscientes de ello.

Cada año se publica un informe que se titula *Barómetro de Confianza y* las personas que gozan de mayor credibilidad en las empresas y en el mundo en general son los empleados y las personas que ellos llaman «como tu y yo», las personas corrientes.

Esto quiere decir que *hay que ser un embajadores creíbles*.

Esta situación es muy interesante para las empresas y las instituciones públicas y privadas en general, porque en su interior tienen a sus mejores prescriptores a sus embajadores más creíbles.

Los empleados de una empresa se convierten en embajadores de marca cuando hablan bien de la misma y recomiendan tanto los productos y servicios que ofrece como el hecho de trabajar en la misma.

Para que esto ocurra deben darse algunas condiciones,

la más importante de las cuales es que los empleados deben estar satisfechos. Un empleado insatisfecho nunca hablará bien de su empresa.

Un empleado está satisfecho si sus expectativas están alineadas con lo que recibe por parte de la empresa. No se convierte un empleado en embajador de marca a través de un curso, ni tampoco en sesiones de concienciación. La empresa que quiera tener embajadores entre sus empleados tiene que ganárselo a pulso y, por supuesto, *tiene que ser capaz de dar para poder recibir.*

Los negocios en la vida funcionan cuando todas las partes que intervienen salen ganando. Así, la empresa es capaz de atraer y retener el talento que necesita para seguir creciendo y los clientes están más satisfechos porque ven que sus interlocutores están motivados para dar las respuestas correctas a sus necesidades. Los embajadores de marca son la punta del iceberg.

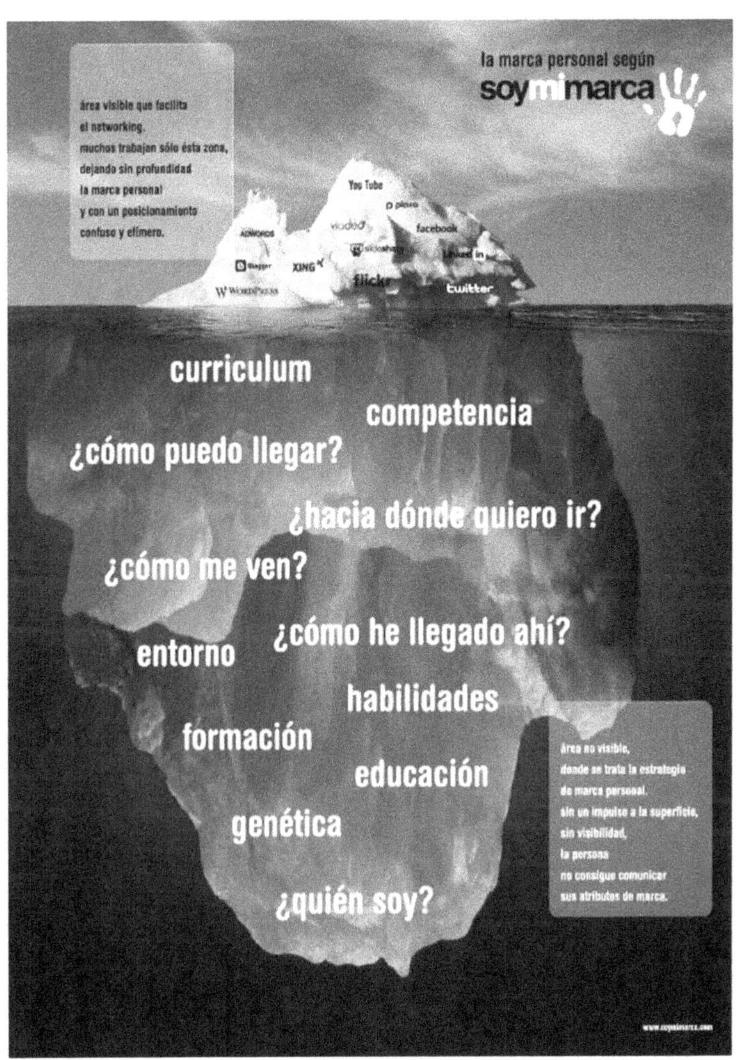
la marca personal según
soymimarca
área visible que facilita
el networking.
muchos trabajan sólo ésta zona,
dejando sin profundidad
la marca personal
y con un posicionamiento
confuso y efímero.
You Tube
facebook
XING
flickr
twitter
curriculum
competencia
¿cómo puedo llegar?
¿hacia dónde quiero ir?
¿cómo me ven?
¿cómo he llegado ahí?
entorno
habilidades
formación
educación
genética
¿quién soy?
área no visible,
donde se trata la estrategia
de marca personal.
sin un impulso a la superficie,
sin visibilidad,
la persona
no consigue comunicar
sus atributos de marca.

# 10. *Visibilidad online*

De los muchos beneficios que ha aportado Internet, el mayor es el de la visibilidad. Antes de la existencia de las redes sociales, ser visible era privativo y caro. Solo lo podían conseguir personas que tuvieran acceso a los medios de comunicación o que pudieran pagar por ello.

Así eran las reglas del juego hasta hace pocos años, como ya hemos visto en el cuarto capítulo. Ahora cualquiera puede promocionarse de manera fácil y económica, pero Internet también tiene su lado oscuro.

## Peligro en la red

Siempre debemos tener en cuenta que no controlamos la información que circula en la red sobre nosotros, porque muchas veces no tenemos capacidad de acción sobre el origen de la misma. Nuestros datos circulan de manera ajena a nuestra voluntad porque a menudo han sido introducidos por terceros, desde la pertenencia a una asociación, pasando por datos aparecidos en alguna publicación oficial o el mero hecho de habernos inscrito en algún evento deportivo.

En cuanto a los datos e informaciones que de manera voluntaria hemos introducido en la red, el riesgo es otro: aunque nos arrepintamos de las opiniones vertidas Internet no olvida, ya que su misión es llevar la información a todas partes. También allí donde no desearíamos que estuviera.

### *EL FUTBOLISTA QUE PERDIÓ SU PUESTO ANTES DE EMPEZAR*

Más de un candidato a un puesto de trabajo o a una colaboración profesional ha sido descartado por culpa de su rastro en las redes sociales. Los responsables en recursos humanos miran sin duda el Facebook, Instagram y otros medios virtuales para saber «qué cuelga» el candidato, ya que aquello que mostramos de nosotros nos define. Una imagen banal o mostrar un discurso irreverente son, sin duda, motivo de eliminación.

Por eso mismo es esencial cuidar la imagen que damos de nosotros en las redes, y la historia que contamos. Nuestros posibles clientes o empleadores nos van a valorar por eso.

Un caso reciente de las consecuencias del mal uso de las redes fue el de Sergi Guardiola, jugador del Eldense, que había recibido una buena oferta para jugar en el Barcelona B. Sin embargo, antes de que el contrato se formalizara, fueron detectados unos mensajes escritos por él en Twitter, tiempo atrás, en los que insultaba gravemente al club que estaba a punto de ficharle. La indignación que ese «pasado» en la red provocó entre los socios hizo que el fichaje fuera desestimado. Un momento de guasa para los amigos hizo que Sergi perdiera una gran oportunidad.

Tal como dice el coach Mario Reyes: «*Lo que dices, a los demás y a ti mismo, crea tu realidad. Las palabras no se pierden en el aire, una vez pronunciadas. Tienen su eco y afectan a la visión que cada persona tiene de sí misma.*

> *Por esto mismo es importante medir todo lo que decimos, ya que resuena mucho más allá de su momento.»*

Siempre que se hace la prueba acaban saliendo cosas. La red no olvida y su misión es mover información, no lo olvidemos.

La aldea global nos ha hecho perder parte de la independencia e intimidad que se habían conseguido desde la Edad Media a partir de la creación de las ciudades.

El futbolista del que hablamos anteriormente no fue consciente de que la red es una extensión de la realidad.

Nuestro prestigio, nuestra marca personal y nuestro storytelling, cada vez más, también se exponen en el escaparate de las redes.

### Una extensión de la realidad

Lo que hemos dicho anteriormente no significa que estemos condenados a estar expuestos de cualquier manera. Nuestro nivel de exposición y la calidad de la información que circula por la red pueden estar fuertemente influidos por nosotros, si somos capaces de gestionar nuestros actos.

Al fin y al cabo, la red no es más que una extensión de la realidad.

Cuando actuamos en internet no simulamos la realidad si no que la estamos construyendo. Como cuando paseamos por una calle, firmamos la venta de un inmueble o comemos un bocadillo. Internet y las redes sociales no son realidades virtuales o paralelas. Esta creencia puede llevarnos a engaño, y hacernos creer que nuestros actos dejan de ser reales o que dejamos de ser responsables de sus consecuencias.

El revuelo que provocó hace unos años la divulgación de los datos de la agencia de citas para infieles Ashley Madison, más allá de la negligencia de los gestores por no haber sabido prever el ataque, demuestra un fondo de ingenuidad por parte de los usuarios.

Como decía Erin Bury, directora de la agencia canadiense 88 Creative: «*No digas nada en las redes que no querrías que se expusiera en un anuncio panorámico con tu cara en él.*»

La conclusión es que **no debemos hacer en internet y en las redes sociales aquello que fuera de ellas no haría-**

**mos**, porque el entorno no cambia las circunstancias ni las consecuencias.

## Estar o ser

En las redes, así como en el mundo, no es suficiente *ser*, sino que también hay que *estar*. *Ser* significa abrir un perfil y pasearse por otras exposiciones, hacer alguna charla de vez en cuando y punto. *Estar*, en cambio, significa abrir un perfil, tener un blog y entrar en contacto con la gente, compartiendo cosas que sean relevantes (aunque con el riesgo de ser copiado o de que alguien dé una pista sin pasar por el autor). *Estar* significa ser generoso, sin enseñar todo pero lo suficiente para que las personas puedan crecer y sacar partido de lo que se comparte con ellos.

El gran poder, respecto al conocimiento que se puede difundir, es que sólo el que lo hace tiene las conexiones de todas las cosas, ya que éstas han sido ofrecidas individualmente.

La experiencia y la capacidad de síntesis, por ejemplo, convierte en artículos aquello que escribe un escritor, pero la gente debe poder sacar algún provecho de ellos. Porque, de lo contrario, dejaría de leerlos.

Hay que provocar que el público llegue a la conclusión de que se le puede ayudar y de que, además, esta ayuda la recibirá por parte del que le habla. El público debe entender, que con los elementos que se le ofrecen, podrá ir más lejos.

Estar es compartir, y si se produce una charla hay que entrar en diálogo con las personas para conocerlas, verlas físicamente, mirarlas a los ojos, darles la mano, y que sientan que estás a su lado.

~~~~~~~~~~~~~~~~~~~~~~~~~~~~~~~~~~~~~~

## CASO 11:
## Cambiar cuando se está en la palestra

A veces podemos cambiar nuestro futuro sin cambiar de sector, pero también podemos realizar ese cambio manteniendo la habilidad principal que utilizamos.

En este sentido, recuerdo un caso muy especial en el que me enfrasqué con un gran trabajador de un sindicato. Obviamente él era de izquierdas, y su camino se fue dirigiendo hacia la vía política y el
~~~~~~~~~~~~~~~~~~~~~~~~~~~~~~~~~~~~~~

apoyo a los procesos liberales, y ahora ocupa un importante cargo gubernamental.

Cuando yo le conocí, se planteaba realizar un cambio muy importante en su vida tras numerosos años defendiendo los derechos de los trabajadores. Venía de una situación personal compleja, y lo más interesante fue que trabajando con su línea de la vida, como hacemos a menudo en el coaching, conseguimos esclarecer qué era lo que necesitaba para crear su start-up personal en aquel momento crucial. Es lo que hacen las herramientas del coaching: ayudan a las personas a estudiar su pasado, su bagaje y su desarrollo para comprender cuál es si situación actual.

Y este hombre se dio cuenta de que, durante mucho tiempo, había considerado que su vida era incoherente. Era periodista y se dedicaba a escribir esporádicamente, había roto su relación matrimonial teniendo hijos, y notaba que en el sindicato ya no podía aportar más. Todo eso le hacía sentir un poco perdido. Trabajando con él, sin embargo, averiguamos que todos aquellos puntos no estaban aislados sino que formaban un hilo conductor coherente.

Era el hilo que lo proyectaba hacia un futuro que, aunque no había previsto, era el que necesitaba. Decidió que quería seguir con su trabajo en comunicación pero no en los sindicatos, sino en el mundo de la empresa. Quería llevar la etiqueta de agitador que se había ganado en el ámbito sindical al empresarial, y utilizarla como una herramienta para cambiar muchos paradigmas. Es decir, que su plan lo llevaba a verse como un jefe de comunicación con mucha experiencia, capaz de aportar ideas nuevas, progreso y creatividad.

Lo más sorprendente de este caso es que tomar ese camino lo llevó donde está ahora: no a una empresa sino a un escaño político en el que puede llegar a comunicar a las grandes masas e influir en el futuro de todo un país. Como él mismo decía, situaciones excepcionales requieren decisiones excepcionales. Para él, por fin, tenía toda la coherencia que había estado buscando hasta entonces.

En la vida no hay grandes conversiones, sino grandes evoluciones. Si las personas tienen bien trabajada la confianza en sí mismas, su seguridad, sus objetivos vitales, sus valores y la forma en la que quieren ser recordadas, entonces son capaces de decidir y no quedarse paradas.

Eso es algo importante. Cuando consigues que la gente conecte consigo misma, al final lo que construyes es una capacidad de respuesta y de flexibilidad que las ayuda a conseguir incluso más de lo que habían llegado a imaginarse.

~~~~~~~~~~~~~~~~~~~~~~~~~~~~~~~~~~~

**Trabajando por nuestra marca en la red**

Cada vez que escribimos un post, un artículo o explicamos algo a los lectores, dejamos parte de nosotros mismos en el texto. Escribir no es una acción neutra, sino todo lo contrario. Hagamos lo que hagamos, contamos algo sobre nosotros a través del relato que ofrecemos. Y, si no es así, el acto de escribir pierde sentido y se banaliza.

En palabras de Álex Rovira: «*Es imposible no comunicar*». Todo lo que decimos y mostramos habla de nosotros
~~~~~~~~~~~~~~~~~~~~~~~~~~~~~~~~~~~

y nos define.

Lo que escribimos tendrá, por lo tanto, valor o no en función de lo que pongamos a disposición de los que nos van a leer. Si en nuestros textos no somos capaces de dar algo que sea mínimamente personal y original, la conexión con nuestros lectores será débil y no tendrá ningún tipo de impacto.

Es por ese motivo que escribir asusta. Por una parte nos desnuda y, por otra, ofrecer novedades siempre es complicado. Porque, según parece, ya está casi todo inventado.

### *CÓMO HACER UN BUEN BLOG*

De las redes sociales te pueden echar, pero de tu propio blog nunca. Un blog representa la propia casa, es decir, el lugar donde uno se muestra tal y como es y decide cómo ofrecer su producto.

Los blogs deben tener dos apartados:

a) Una sección que **ofrezca conocimiento** a través de un post que no sea muy largo, y que debe ser renovado de vez en cuando (en el caso de un escritor, los posts pueden ser reutilizados en un futuro para convertirlos todos juntos en un libro).

b) Una sección informativa que conlleve:

- La presentación con **información esencial** sobre uno mismo, ya que para ello ya existe el currículum.

- Un ***book* de fotografías** donde se pueda apreciar aquello que se ofrece.

- **Contenidos relevantes** que no tienen por qué ser originales aunque, si lo son, deben estar impecablemente escritos y deben contener buena información. Si se usa información ajena, explicar el porqué, ya sea en positivo o en negativo. Un «corta y pega» sin ninguna explicación no aporta nada a la propia marca.

Un blog de buena calidad está pensado para su público. Los blogs que son rellenados con cualquier cosa, con la simple intención de hacer ruido, nunca serán de referencia.

Cuando trabajamos nuestra marca personal, identificamos aquello que nos hace diferentes a las personas que tienen una propuesta de valor y ofrecen unos servicios similares a los nuestros. Como vimos en el capítulo anterior, nos fijamos en todo aquello que nos identifica, que nos hace únicos e imprescindibles.

Al escribir sucede lo mismo. Si pensamos en los demás, en lo que les pueda interesar, hacer crecer, ser mejores o aumentar su conocimiento, si buscamos, por tanto, contenidos que aporten valor, estaremos en el camino del éxito. Si, en cambio, pensamos sólo en nosotros y para nosotros, y no tenemos muy presente qué tenemos que compartir y a los lectores en el punto de mira, lo que escribamos será un escaparate de conocimiento carente de interés, a no ser que estemos trabajando nuestro diario íntimo.

Para conectar con los demás debemos ofrecer contenidos y propuestas de valor. Mirarse el propio ombligo y hacer exhibición de cuanto sabemos aburre a la audiencia.

No siempre tenemos que producir contenidos originales y hasta podríamos prescindir de ellos. Afortunadamente, estamos en un momento cultural en el que la difusión de contenidos interesantes se ha universalizado e inflacionado. Hay muchos contenidos buenos que necesitan difusión.

Cuando divulgamos contenidos ajenos, lo importante es que expliquemos por qué creemos que pueden ser interesantes para nuestros lectores. Con ese pequeño acto aportaremos valor y convertiremos nuestro post en único porque, como nosotros somos únicos, nuestros comentarios también lo son.

Nuestra opinión sobre los contenidos que difundimos aporta valor y los convierte en únicos para nuestros lectores.

## Más *followers*, por favor

Más *followers* sí, pero, como hemos dicho anteriormente, no nos interesan los «seguidores fantasma» que se venden en paquetes de miles y que no van a interactuar con nuestra página, ya que a menudo ni siquiera entienden nuestro idioma. O, si lo hacen, no están interesados en lo que ofrecemos.

Cuando busquemos *followers* de calidad en Facebook, Twitter, Instagram o en cualquier otra red social, solo los captaremos y fidelizaremos a través de contenidos de calidad. Si un internauta se encuentra con una plataforma en la que hay posts y artículos que le enriquecen y le resultan útiles, sin duda querrá seguirla y la visitará muchas veces.

Si los contenidos son extraordinarios, el *follower* deseará compartirlos en sus propias redes sociales. Y lo mismo puede suceder con sus propios seguidores, con lo que la difusión de nuestro mensaje y marca serán exponenciales.

Resumiendo: más allá de lo que podemos conseguir con «posts promocionados», lo que la audiencia valora es la autenticidad y los contenidos de altísima calidad.

Si dedicamos el tiempo suficiente para crearlos, tendremos una propuesta de valor que disparará la cotización de nuestra marca y nos llevará a un público cada vez más amplio. Hasta más allá de lo que nosotros mismos esperamos, llevando a todas partes nuestra marca personal.

# *Epílogo*

La marca personal es la huella que dejamos en el corazón de las personas que nos rodean, tanto las que están cerca como las que están lejos. Es lo que nos representa, especialmente a nivel profesional, y por eso los objetivos de esta marca deben incluir: ser conocido, reconocido y memorable. Y, todo ello, con el fin de ser escogido entre otros muchos competidores.

La clave está en que, sin propuesta de valor, sin haber desarrollado una start-up personal potente, no hay marca personal. Porque sin eso no dejamos huella. ¿Y en qué consiste esa propuesta de valor para crear nuestra start-up eprsonal? Pues en descubrir qué es lo que podemos hacer nosotros por los demás, aportando valor a sus vidas o a sus empresas.

No debemos olvidar que dejamos marca constantemente en nuestro día a día, desde que nacemos, porque siempre estamos interaccionando con el resto de las personas que nos rodean. Y, si no gestionamos esta start-up personal de forma consciente, los demás lo harán en nuestro lugar. No de mala fe ni con malas intenciones, sino como buenamente puedan, porque necesitan hacerse una idea de nuestra persona. Si no la gestionamos, la marca que dejemos en sus corazones será la que nazca de sus propios análisis y de su imaginación. Y, en ese caso, es muy posible que no se corresponda con la realidad.

Si dejamos nuestra marca personal en manos de otros, puede pasar como en aquel juego de los disparates que solíamos disfrutar de niños, en las colonias veraniegas: se hace un círculo, se empieza una frase que se va pasando de una persona a otra y, cuando regresa al punto de partida, tiene un significado completamente distinto del original.

Lo mismo puede pasar con nuestra marca personal si dejamos que los demás la gestionen, pasándola de mano en mano. Puede llegar a desvalorizarse, difuminarse e incluso perder el sentido y dejarnos en mal lugar. Por eso, no lo olvidemos: antes de lanzarnos al mundo y a los negocios, dediquemos un tiempo a crear una potente start-up personal que nos ayude a triunfar.

## *Anexo: Leyes para crear tu start-up personal*

**1. Practica la Revisión de vida.** Observa tu realidad y analízala. Si sientes que debes cambiar algo, hazte el propósito de actuar.

**2. Alinéate con el Personal Branding.** Ponte como objetivo ser conocido, reconocido, memorable y escogido.

**3. Diferénciate de los demás.** Encuentra aquello en lo que eres único y diferente y comunícaselo al mundo.

**4. Alíate con cabeza.** Las buenas alianzas profesionales empiezan contigo. Ten claro lo que quieres, y si los demás buscan lo mismo.

**5. Dale valor a la autenticidad.** No te vanaglories y busques destacar por todo. Pero no seas excesivamente sumiso y doblegable tampoco.

**6. Cuenta tu historia para triunfar.** Explica tanto lo bueno como lo malo que te haya ayudado a progresar, y busca la conexión emocional con tu público.

**7. Que el fracaso no te detenga.** Cada oportunidad que no sale como quieres es un aprendizaje y un lienzo en blanco para volver a empezar.

**8. Define tu propio éxito.** Decide tú mismo cuál será tu logro, sin importar lo que diga la sociedad.

**9. Sé metódico.** Desarrolla tu modelo de negocio y regresa a él cuando necesites aclarar tus ideas.

**10. Recuerda que nunca es tarde.** Solo necesitas definir tu estrategia y recordar que la experiencia es un grado.

**11. Hasta visible.** Utiliza las herramientas a tu alcance para darte a conocer a tu público y crear una buena imagen profesional.

**12. Súmate al futuro.** Invierte con cabeza en las nuevas tecnologías, y conseguirás que tu marca se difunda imparable a través de la red.

# SOBRE EL AUTOR

Conocido asesor de marca personal y coach, Jordi Collell es auto-definido como un «*explorador de la vida*» que ayude a personas y empresas a ser «*auténticas, memorables, visibles y elegidas*». Profesor, director de programas universitarios de Personal Branding en la Facultad de Comunicación Blanquerna de la Universitat Ramon Llull, Jordi cuenta con más de 25 años de experiencia como CFO y CEO.

> «*Puedo afirmar por experiencia propia que sin tener en cuenta a las personas, las empresas pierden su mejor vehículo de comunicación.*» _ Jordi Collell

Página web: www.jordicollell.com
Twitter: @jordicollell

www.ingramcontent.com/pod-product-compliance
Lightning Source LLC
Chambersburg PA
CBHW051307220526
45468CB00004B/1238

*9781983796845*